Heinrich von Kleist

Das Käthchen von Heilbronn

oder die Feuerprobe

하일브론의 케트헨

1판 1쇄 발행 2022년 3월 10일

지은이 | 하인리히 폰 클라이스트
옮긴이 | 배중환
발행인 | 신현부

발행처 | 부북스
주소 | 04613 서울시 중구 다산로29길 52—15[신당동], 301호
전화 | 02 – 2235 – 6041
팩스 | 02 – 2253 – 6042
이메일 | boobooks@naver.com

ISBN 979-11-91758-09-2
        978-89-93785-07-4 [세트]

부클래식

093

하일브론의 케트헨

또는 불(火)의 시련

하인리히 폰 클라이스트

배중환 옮김

차례

하일브론의 케트헨

하일브론의 케트헨
또는 불(火)의 시련

Das Käthchen von Heilbronn

oder die Feuerprobe

대역사적 기사극

Ein grosses Historisches Ritterschauspiel

1810년 3월 17일, 18일, 19일에 빈(Wien)의 극장에서 상연됨.

등장인물

황제

겝하르트, 보름스의 대주교

프리드리히 베터, 슈트랄 백작

백작 부인 헬레나, 슈트랄 백작의 어머니

엘레오노레, 그녀의 조카딸

기사 프람베르크, 백작의 가신

곳샬크, 백작의 노하인

브리기테, 백작 성내의 하녀

쿠니군데 폰 투르네크

로잘리에, 쿠니군데의 시녀

[지빌리에 로잘리에의 의붓어머니]

테오발트 프리데보른, 하일브론의 무기 대장장이

케트헨, 그의 딸

곳프리트 프리데보른, 그녀의 약혼자

믹시밀리안, 폰 프라이부르크 성백(城伯)

게오르크 폰 발트슈테텐, 그의 친구

기사 샤우어만, 그의 가신

기사 베츠라프, 그의 가신

라인 백(伯)(폰 슈타인), 쿠니군데의 약혼자.

프리드리히 폰 헤른슈타트, 그의 친구

에긴하르트 폰 데어 바르트, 그의 친구

오토 폰 데어 프뤼헤 백작, 궁정고문관이며 동시에 비밀 재판소의 재판관

벤첼 폰 나흐트하임, 궁정고문관이며 동시에 비밀 재판소의 재판관

한스 폰 베렌클라우, 궁정고문관이며 동시에 비밀 재판소의 재판관

야콥 페히, 여관주인

3명의 투르네크 기사들

쿠니군데의 늙은 백모들

숯 굽는 젊은이

야경꾼

다수의 기사들

의전관, 두 숯 굽는 이, 하인들, 심부름꾼, 포리, 종들과 국민들.

슈바벤에서 일어난 사건

제1막

장면 : 중세기의 비밀 재판이 열릴 지하 동굴, 비밀 재판소의
표시인 칼과 끈이 있다. 램프 불이 주위를 비추고 있다.

제1장

재판장 오토 폰 데어 프뤼에 백작, 배석판사 벤첼 폰 나하트하임과 한스 폰 베
렌클라우, 백작들, 기사들, 신사들, 모두가 복면하고 있다. 횃불을 든 포리 등
등. ─ 하일브론의 시민 테오발트 프리데보른이 고소인으로, 베터 폰 슈트랄
백작이 피고인으로 재판관 앞에 서 있다.

오토 백작: (일어선다) 우리는 엄숙한 비밀 재판소의 재판관, 신의
심판을 지상에서 집행하고, 하늘의 신이 통솔하는 천사 군대의
예고자이다. 인간 가슴에 도롱뇽처럼 숨어 있는, 이 세상 법률
의 손에 잡히지 않는 악행을 찾아내는 자가 바로 우리이다.
자, 이 세상에 잘 알려진 하일브론의 성실한 무기 대장장이
테오발트 프리데보른이여, 우리가 그대에게 요청하니, 베터
폰 슈트랄 백작 프리드리히에 대한 그대의 고소를 제기하여
라. 저기에서 백작이 순서를 기다리고 있다. 신성한 비밀 재판
소는 그대의 청원에 따라, 사자를 보내 재판소의 칼손잡이로

세 번 그의 거성의 문을 두드려 그를 소환했더니, 그가 조속히 소환에 응하여 이곳에 출두하여, 그대가 무엇을 원하는지 묻고 있기 때문이다. (자리에 앉는다.)

테오발트 프리데보른: 신성하고 거룩하신 재판관님들! 제가 고소했던 저 녀석은, 가령 머리에서 발끝까지 정강이받이와 쥠쇠, 황금 고리를 갖춘, 은 또는 강철 갑옷을 저에게 주문해놓고, 막상 "자, 계산해 주세요!"라는 단계에 이르자, "테오발트, 무슨 말인가? 나는 너에게 빚진 것 없어."라고 말했다거나 또는 조정에 나아가 저의 명예를 뱀처럼 사악한 혀로 비방했고, 한밤중에 암흑 같은 숲에서 뛰어나와 칼과 비수로 저를 찌르겠다고 했다면…… 여러분 앞에서 ─ 신에게 맹세합니다 ─ 저는 이런 일로 고소하지 않았을 것입니다. 제 나이 쉰셋이 되기까지 부당한 일을 너무 많이 참아 와서, 저의 혼은 이제 그 정도의 자극에는 꿈쩍도 하지 않습니다. 모기에 물린 사람들을 위해 무기를 만드는 사람이 저인데, 제 자신은 전갈[1]에게 "저리가!" 하고 가도록 놓아둡니다.

베터 폰 슈트랄 백작 프리드리히는 제 딸 카타리나를 유괴했답니다. 제발 신의 대리인인 여러분이, 저 녀석을 체포하여 저 세상의 입구에서 새빨간 불의 창을 흔들며 대기하고 있는 지

---

1 역주: 열대 지방의 응달에 사는 독충.

옥의 군대에게 넘겨주세요. 저는 저 녀석의 추악한 마법, 깜깜한 밤에서 나온 모든 기술, 그리고 악마와 결탁했음을 고소합니다.

오토 백작: 훌륭한 장인(匠人) 하일브론의 테오발트여! 그대가 하는 말을 잘 생각해 보시오. 그대는, 우리에게 여러 가지로 잘 알려진 저 슈트랄 백작이 그대의 딸을 유괴했다고 주장하고 있소. 그가 그대 딸의 심장을 그대가 모르는 사이에 훔쳤다고 고소하는 것이 아니길 바라오. 공상의 나래를 쉽게 펼치는 젊은 딸을 그가 너는 누구냐고 묻고, 투구 밑에서 붉게 타오르는 뺨을 보여주고, 그것도 대낮에 여느 시장터에서 보이는 어느 다른 기술을 써서 데려갔다는 것이냐?

테오발트: 옳은 말씀입니다, 재판관님들, 저는 그가 한밤중에 갈대가 무성한 물가나 늪지대, 또는 좀처럼 사람이 다니지 않은 곳을 이리저리 거닐며, 귀신불과 교제하는 것을 본 적은 없습니다. 또 그가 산꼭대기에 서서 마법의 지팡이를 들고, 눈에 보이지 않는 공중의 나라를 측량하는 것도, 빛도 들지 않는 동굴에 들어가 먼지에서 주문으로 악마를 부르는 것을 본 적도 없습니다. 그를 사탄의 친구라고 부르나, 하일브론 교회 제단의 그림에 있는 것과 같은 뿔이랑, 꼬리 및 발톱을 가진 악마의 무리가 그의 옆에 있는 것을 본 적도 없습니다. 그럼에도 불구하고 진술하게 허락하신다면, 제가 여러분에게 일어

난 일을 대강만 말씀드려도, 여러분은 놀라 자리에서 벌떡 일어나, 소리를 지를 것입니다. '여기 있는 우리 열셋은 사람이나, 열네 번째는 악마다.' 그리고 여러분은 문을 열고 뛰어나가, 이 동굴 주변의 300보(步) 되는 숲속으로, 깃털모자의 장식과 훌륭한 외투자락을 흩날리며 도망갈 것이 틀림없습니다.

오토 백작: 그럼 이 늙고 거친 원고, 다음을 말하게!

테오발트: 여러분 모두가 우선 알아두셔야 합니다. 저의 케트헨은 지난 부활절에 만 열다섯 살이 되었습니다, 몸과 마음이 최초의 인간이 그랬던 것처럼 청순하고, 진실로 신의 마음에 드는 아이입니다. 쓸쓸한 저의 노년에 하느님의 뜻에 따라, 몰약(沒藥)이나 향나무의 연기처럼 사막에서 조용히 솟아오른 아이입니다! 그 아이보다 더 아름답고 더 사랑스럽고 더 경건한 아이를, 여러분은 도저히 상상하실 수 없을 것입니다.

예컨대 여러분이 상상의 날개를 타고, 하느님의 손과 발밑에서 구름 사이로 눈을 크게 뜨고 이쪽을 내려다보는 천사에게 간다고 하더라도 말입니다.

그녀가 노란빛을 내는 밀짚모자를 쓰고, 검은 우단 조끼를 입고 화려한 목걸이를 하고 길을 걸어가면, 모든 창문에서는 "케트헨이다. 하일브론의 케트헨이다."라는 소리가 터져 나왔습니다. 여러분, 마치 슈바벤 하늘의 키스를 받아, 그 아래에 있는 하일브론 마을이 임신하여 그녀를 낳은 것으로 생각될 정도였습니다. 삼대에 걸쳐 서로 혈연관계를 끊었던 사촌들과 먼 친척들이, 세례식이나 결혼식 석상에서 그녀를 조카딸 또는 종자매라고 불렀습니다. 제가 살았던 시장터의 사람들은 누구라도 그녀의 생일에 우르르 몰려와 그녀에게 선물을 주려고 경쟁하였습니다. 정말 한 번만이라도 그녀의 얼굴을 보고, 지나가면서 그녀로부터 가벼운 인사를 받은 자는, 마음까지 깨끗해진 듯한 기분이 들어, 일주일 정도는 매일 저녁기도할 때 이 처녀의 행복을 빕니다. 그녀의 조부는 누구보다도 사랑하는 이 손녀를 위해, 저를 배제하고, 그녀에게 부동산을 유산으로 넘겨주었습니다. 그녀는 부동산 소유자로서 벌써 제 신세를 지지 않고 이 시에서 가장 부유한 시민의 하나가 되었습니다. 훌륭한 시민의 아들 다섯이 그녀의 인품에 크게 감동하여 결혼신청을 했습니다. 하일브론을 지나가는 기사들은 그녀가 귀족 신분으로 태어나지 않은 사실에 눈물 흘리며 애석하게 여겼습니다. 아, 만약 그녀가 귀인의 따님으로 태어났더라면, 먼 동양에서 왕이 오셔서, 검은 노새에 신고 온 진주와 보석을 그녀의 발밑에 내려놓았을 것입니다. 하지만 다행스럽게도 그녀뿐만 아니라 저에게 교만한 마음이 생겨나지 않았습니다. 그녀의 땅에 인접한 토지를 소유하고 있는 곳프리트 프리데보른이라는 젊은 백성이 그녀를 아내로 삼으려고 왔습니다.

"카타리나여, 너는 저 젊은이한테 시집가겠느냐?" 하고 묻자
"아버지, 아버지의 뜻이 제 뜻입니다."라고 했어요. 저는 "하
느님의 축복이 이 두 사람에게 있기를 빈다!"라고 기쁨의 눈
물을 흘리면서 말했습니다. 이번 부활제에는 식을 올리려고
결심했습니다.

— 여러분, 저 남자가 제게서 그녀를 빼앗아 갈 때까지 그녀
는 그런 딸이었습니다.

오토 백작: 그럼 도대체 그는 어떻게 그대의 딸을 유괴해 갔는
가? 어떤 방법으로 그녀를 그대에게서 그리고 지금까지 그대
가 이끌어 온 길에서 낚아채 갔는가?

테오발트: 어떤 방법이냐고요? — 여러분, 그것을 말씀드릴 수 있
다면, 저의 오감으로 그걸 이해할 수 있다면 이렇게 여러분
앞에 나서서, 저도 알 수 없는 무서운 지옥의 일을 고소하지
도 않을 것입니다. 어떤 방법이었냐고 묻는다면, 어떤 대답을
해야 좋을까요.

그녀가 우물에서 물을 긷고 있을 때에, 그 남자가 와서 "아가
씨, 너는 누구냐?"라고 물었습니다. 아침기도를 마치고 돌아
오는 때, 교회의 출입구에서 기다렸다가, "아가씨는 어디에서
살고 있나?" 하고 묻기도 하고, 밤에 살짝 창문 밑에 살며시
다가가서, 그녀에게 목걸이라도 걸어주면서, "사랑스런 아가

씨, 너의 침실은 어디지?"라고 물었습니다.

매우 신성한 재판관님들, 그런 일로는 그 아이의 마음을 얻을 수 없었습니다! 그런 속임수를 그녀는 예수가 유다의 키스를 알아채는 것보다 더 일찍 알아 채 버렸습니다. 그렇게 그녀는 태어난 이후 저 사람을 눈으로 본 적이 없습니다. 자신의 등과 그 위에 있는, 돌아가신 어머니로부터 물려받은 반점을 그 사람보다 훨씬 더 잘 알고 있었습니다. (운다.)

오토 백작: (잠시 사이를 두고) 그런데, 이 이상한 늙은이여! 그가 딸을 꾀어 갔다고 하는데, 언제 어디서 그랬단 말인가?

테오발트: 성령강림절 전날 밤입니다. 그가 잠시 제 작업장에 들렀습니다. 어깨와 가슴 사이의 철 미늘 하나가 훼손되어, 그것을 고치고 싶다고 말하면서 찾아왔습니다.

벤첼: 뭐라고!

한스: 밝은 대낮에?

벤첼: 철 미늘을 고치기 위해서 당신의 작업장에 잠시 들렀을 때라고요?

(사이)

오토 백작: 자 노인, 정신을 차리고, 사건의 경위를 말하시오!

테오발트 (눈물을 닦으면서) 아침 11시경이었을 것입니다. 그가 한 무리의 기마(騎馬)병사를 거느리고 제 점포 앞으로 달려왔습니다. 머리에서 발끝까지 무장한 그가 말에서 내려 갑옷의

철커덕거리는 소리를 내며 작업장으로 들어왔습니다. 왜가리 깃털 장식을 한 투구를 흔들흔들 흔들면서 머리를 숙이고 문으로 들어왔습니다. "주인장, 이것을 보세요!" 그가 말했습니다. "우리는 이 시의 성벽을 쳐부수려고 하는 저 팔츠 백작을 대적하러 가다가, 그를 만나는 기쁨으로 흥분하여 이렇게 철미늘들이 부서졌습니다. 자, 이대로 갑옷을 벗기지 않은 채로, 철과 철사를 가지고 와서 그것들을 원래대로 고쳐 주시오."

"예, 나리" 하고 저는 말했습니다. "당신 가슴이 갑옷을 부술 정도라면, 저 팔츠 백작은 이 시에 손가락 하나 대지 못할 것입니다."라고 말하면서 그를 방 한가운데에 있는 의자에 앉혔습니다. 포도주와 방금 훈육한 돼지고기를 간식으로 가지고 오라고, 문 쪽으로 소리 질렀습니다. 그러고 나서 도구선반을 그의 앞에 놓고 그의 갑옷을 수선하려 했습니다.

한편 집 밖에서는 군마(軍馬)가 울고, 졸병들의 말들도 함께 땅을 발로 차, 마치 케루빔 천사가 하늘에서 내려오는 듯이, 먼지를 일으키며 소동을 피우고 있었는데, 그때 문이 조용히 열리고, 포도주 병이랑 간식을 담은 큰 은쟁반을 머리에 인 제 딸이 들어왔습니다.

그런데 무슨 일이 일어났느냐 하면 이렇습니다. 신이 구름을 열고 갑자기 제게 나타났더라면, 저도 딸처럼 행동을 했을 것입니다. 기사의 모습을 보자, 딸은 술잔과 컵, 음식을 마루에 떨어뜨렸습니다. 그러더니 시체처럼 창백한 얼굴로, 기도하는 것처럼 두 손을 모으고, 가슴과 머리를 바닥에 갖다 대면서 그의 앞에 넙죽 엎드렸습니다. 마치 벼락을 맞은 사람 같았습니다.

제가, "오 하느님, 제 딸이 아픈 것입니까?" 하고 외치며 딸을 일으켜 세웠습니다. 그러나 딸은 주머니칼처럼 제게 매달려, 마치 환영이라도 본 것처럼, 빨갛게 된 얼굴을 백작 쪽으로 돌렸습니다. 슈트랄 백작은 딸의 손을 잡고, 누구의 딸이냐고 물었습니다. 그 사이 직인들과 하녀들이 달려와, "큰일 났습니다. 따님은 어찌된 일입니까?" 하고 외쳤습니다. 딸은 백작의 얼굴을 수줍어하는 눈길로 쳐다보다가 이윽고 회복이 되었습니다. 저는 발작은 이미 끝났다고 생각하고 다시 송곳과 바늘을 가지고 일을 시작했습니다.

"자, 됐습니다." 일을 끝낸 후 제가 말했습니다. "자, 이제 팔츠 백작과 대전할 수 있습니다. 쇠 미늘이 확실히 끼워졌습니다. 당신의 심장이 뛰어도 이것을 다시는 부수지 못할 것입니다."

백작은 일어서서 자신의 가슴 높이밖에 안 되는 딸을 머리부터 발끝까지 한참 응시하다가, 몸을 숙여 그녀의 이마에 입을 맞추고 "하느님의 가호와 축복, 평화가 있기를, 아멘." 하고 말했습니다.

그리고 우리는 창밖의 모습을 보려고 창문 쪽으로 갔는데, 마침 백작이 말에 올라타는 순간, 딸은 두 손을 치켜들고 높이가 30자(尺)나 되는 창에서 길바닥 위로 뛰어내렸습니다. 마치 오관의 분별도 없는 미친 여자처럼 말입니다! 그리하여 양쪽 대퇴골이, 여러분, 상아와 같은 무릎 위의 부드러운 대퇴골이 부러지고 말았습니다.

가련한 늙은이인 제가 여생의 지팡이가 되기를 희망하던 딸을 어깨에 둘러메고, 마치 무덤으로 가듯이 집으로 들어가지 않을 수 없었습니다. 그런데 그 저주스런 녀석은 우리 쪽으로 몰려오는 군중 속에서 말 등에 앉은 채 "무슨 일이냐?"고 크게 소리쳤습니다. — 딸은 그러고 나서 고열로 여섯 주일이나 빈사 상태로 침상에 계속 누워 있었습니다. 몸을 움직이지 못하고 아무 소리도 내지 못했습니다. 모든 사람의 마음을 여는 열쇠인 헛소리조차 그녀의 마음을 열지 못했습니다. 어느 누구도 그녀 가슴의 비밀을 들추어 낼 수 없었습니다. 약간 호전되었다고 생각하자, 그녀는 걸음 연습을 한 후, 보따리를 싸서, 아침의 햇살이 비쳐들자 문 쪽으로 걸어갔습니다. "어디 가요?" 하녀가 묻자, 딸은 "베터 폰 슈트랄 백작님에게"라고 대답하고는 사라졌습니다.

벤첼: 있을 수 없는 일이다!

한스: 사라졌다니?

벤첼: 모든 것을 다 남겨두고?

한스: 재산도 고향도 약혼자도 버리고?

벤첼: 그대의 허락조차 받지 않고서?

테오발트: 네, 사라져 버렸습니다. 여러분 ─

아버지인 나도 버리고, 세간의 의리와 인정도 모두 다 버리고 갔습니다. ─

아무것도 모르고 잠들어 있는 내 눈에 키스를 하고 사라졌습니다.

차라리 그때 내가 숨을 거두고 딸이 내 두 눈을 감겨 주는 편이 더 나았을 것입니다.

벤첼: 그것은 참 이상한 일이다!

테오발트: 그날부터 딸은 그를 창녀처럼, 맹목적으로 순종하며 이리저리 따라갔습니다. 마치 다섯 가닥의 실에 영혼이 묶인 듯이 저놈 얼굴빛에 이끌려 맨발로 자갈길을 밟고, 허리에 짧은 치마를 걸치고 바람에 펄럭이며 따가운 햇살과 모진 비바람을 막아주는 밀짚모자 이외에는 아무것도 없었습니다.

모험의 길을 걷는 그의 발길이 닿는 곳이면 어디라도, 안개가 자욱한 산골짜기를, 한낮의 태양이 이글거리는 사막을, 어두운 밤처럼 잎이 무성한 산림을 통과하며 그녀는 주인의 땀을 핥는 개처럼 그의 뒤를 따라다녔습니다. 부드러운 베개에 익숙해져, 아무 생각 없이 손수 만든 이불의 작은 실오라기 하나에도 잠을 자지 못하던 딸이, 이제는 밤이 되면 피곤에 지쳐 하녀처럼 저자의 마구간에서, 저자가 자신의 자랑스러운 말을 위해 깔아둔 지푸라기 위에서도 잠을 잡니다.

오토 백작: 베터 폰 슈트랄 백작! 이 노인의 말이 사실입니까?

슈트랄 백작: 노인의 말대로입니다. 그의 딸은 제 발자국을 따라 왔습니다. 제가 뒤를 돌아보면 보이는 것은 언제나 두 개였습니다. 나의 그림자와 그녀였습니다.

오토 백작: 그럼 그대는 이 이상한 일을 어떻게 설명하시겠소?

슈트랄 백작: 알려지지 않은 비밀 재판소의 판사님들! 악마가 그녀를 데리고 논다면, 원숭이가 고양이의 손을 빌어 불 속에서 밤을 집어내듯이, 나를 도구로 이용하는 것입니다. 악마가 나를 위해 불에서 밤을 꺼낸다면, 나를 악당이라고 불러도 좋습니다.

여러분이 내 말을 성서의 교훈에 따라 옳은 것은 옳고, 아닌 것은 아닌 걸로 그대로 들어주신다면 좋겠습니다. 그렇지 않으면, 나는 보름스로 가서 황제폐하에게 테오발트를 기사로 임명해 주십사 하고 청원하겠습니다. 그러면 나와 테오발트의 결투가 허락되기 때문입니다. 자, 우선 그에게 내 장갑을 던지겠습니다!

오토 백작: 그대는 우리의 질문에 답하지 않으면 안 됩니다. 자기 집에 있어야 할 그녀가 그대의 지붕 밑에서 숙박하고 있는 사

실을 그대는 어떻게 옳다고 합니까?

슈트랄 백작: 대략 석 달이 되었습니다. 어느 날 스트라스부르크로 가는 도중에 나는 한낮의 더위에 지쳐 어느 바위 그늘에서 쉬다가 잠이 들었습니다. 나는 저 하일브론의 창문에서 뛰어내린 처녀를 꿈에서조차도 생각하지 못했습니다. — 잠을 깨어 보니 그 처녀가 내 발밑에 잠이 들어 있었습니다. 마치 하늘에서 떨어진 장미처럼! 그리하여 나는 옆에서 자고 있는 졸병들에게 말했습니다. "이것이 어떻게 된 일인가? 이 아가씨는 하일브론의 케트헨 아니냐?" 이 소리를 들은 그녀는 눈을 떴습니다. 그리고 그녀는 자고 있는 사이에 기울어진 모자의 끈을 다시 고쳐 매었습니다. 내가 "카타리나 아가씨, 어떻게 여기까지 왔습니까, 하일브론에서 100킬로미터나 떨어진 이 라인 지방까지." 하고 소리를 쳤습니다. —

"지엄하신 분이여, 스트라스부르크에 용무가 있어서 왔습니다. 숲속을 혼자 걷는 것이 무서워서, 당신 군대에 합류했습니다."라고 그녀가 대답했습니다. 그리하여 나는 하인 곳샬크에게 명령하여 그녀에게 마실 것을 갖다 주라고 하고는, 창문에서 떨어질 때 입은 상처가 나았는지, 아버지는 무슨 일을 하시는지, 스트라스부르크에는 무슨 용무가 있는지 등을 물었습니다. 그러나 그녀가 솔직하게 대답하지 않았습니다. 어쨌든 나는 그녀에게 무슨 일이 있겠지 하고 생각하고, 숲의 길 안내

자를 그녀에게 붙여주고는, 말에 올라타 그곳을 떠났습니다. 그날 밤 스트라스부르크의 길 옆 여관에서 내가 마침 잠을 자려고 할 때, 하인 곳샬크가 오더니, 그 아가씨가 아래에 와 있는데 마구간에 재워달라고 한다는 말을 내게 했습니다.

"말과 함께? 그 아가씨가 그런 곳에 잘 수 있을까?" 내가 물었습니다. 그리고 이렇게 말했습니다. "만약 그곳이 아가씨가 잘 수 있을 정도로 부드럽다면, 난 상관없다." 그리고는 침대에서 몸을 돌리면서 "짚을 깔아, 아가씨의 몸을 다치지 않게 주의해라."라는 말을 덧붙였습니다. 그리고 그 다음날, 그녀는 나보다 먼저 일어나 숙소를 떠나 길을 계속 나아갔고, 밤에는 또 내 숙소의 마구간에서 잤습니다. 그리하여 나의 진군에 따라 매일 밤, 마치 내 일행이 된 듯이 그것을 반복했습니다.

그런데, 여러분, 내가 이 일을 너그러이 참았던 것은, 지금 나를 벌하고 있는 고집스런 백발의 영감을 위해서입니다. 왜냐하면 하인 곳샬크가 어떤 이유에서인지 이 아가씨를 매우 사랑했고, 친딸처럼 돌봐주었기 때문입니다. 언젠가 여행 도중에 하일브론을 지나갈 때, 딸을 넘겨드리면, 늙은이도 감사할 것이라고 내가 생각했습니다. 그렇지만, 그녀는 스트라스부르크의 대주교의 성(城)에서 내가 있는 곳에만 있었습니다. 나는 그녀가 시내에는 용무가 없는 것을 곧 알았습니다. 그녀는 전적으로 내게 헌신하고 있었습니다. 왜냐하면 그녀는 오

로지 열심히 세탁하고 옷을 보수하는 등 내 일만을 하고 있었는데 그것은 마치 라인 지방에는 그 일을 하는 사람이 없는 것 같았습니다. ― 그리하여 나는 어느 날 그녀가 마구간 입구에 있는 것을 보고, 스트라스부르크에는 무슨 용무가 있느냐고 물었습니다. "아이, 지엄하신 분이여," 하고 그녀는 앞치마에 불을 붙일 듯이 얼굴이 빨갛게 되어 말했습니다. "왜 그런 질문을 하십니까? 백작님은 당연히 알고 계시지 않습니까?" 아, 그게 네가 즐겨 쓰는 방식이로구나 생각하고 나는 즉시 하일브론의 아버지한테 사자를 보내 이렇게 전하게 했습니다. "케트헨은 내 곁에서 나의 보살핌을 받고 있습니다. 슈트랄 성에 데려갈 테니, 곧 그곳으로 오면 그녀를 데리고 가실 수 있습니다."라고.

오토 백작: 그런데? 그러고 나서 어떻게 되었는가?

벤첼: 늙은 영감이 처녀를 데리러 오지 않았나요?

슈트랄 백작: 그로부터 스무 날이 지나자 그는 딸을 데려가려고 왔습니다. 나는 그를 정중히 맞이하여 선조의 초상을 모아둔 방으로 모시고 갔습니다. 그런데 이상하게도 그가 방에 들어가자마자 성수(聖水)를 담아 놓은 쟁반에 손을 적시더니, 그 물을 내게 뿌렸습니다. 본성이 착한 나는, 그에게 의자를 권하고, 지금까지의 일을 하나도 남김없이 털어놓았습니다. 그리고 그를 가엾이 여겨, 어떻게 하면 상황을 그가 원하는 대로

되돌릴 수 있을까 하는 것에 대해서 말씀드렸습니다. 그리고 여러 가지로 그를 위로해 가면서, 딸을 넘겨주려고, 마구간으로 모시고 갔습니다.

마침 그 아가씨는 내 무기의 녹을 제거하고 있었습니다. 늙은 이는 마구간 안에 들어가 눈물을 흘리면서, 두 팔로 그녀를 안으려 했습니다. 그러자 그것을 본 아가씨는 죽은 사람처럼 창백해져, 성자들의 이름을 부르며, 내 발 아래에 엎드리더니, 그로부터 자기를 보호해 달라고 내게 빌었습니다. 이 광경을 본 아버지는 소금 기둥처럼 거기에 서 있었습니다. 내가 정신을 차리기도 전에, 그는 두려움에 찬 얼굴을 내게로 돌리고, '넌 악마다', 라고 소리 지르면서 유령이라도 내쫓듯이, 손에 들고 있던 모자를 내 얼굴에 던졌습니다. 그러고는 마치 지옥의 귀신에게 쫓긴 듯이 하일브론으로 돌아갔습니다.

오토 백작: 이상한 늙은이로다! 무슨 망상이 생겼나?

벤첼: 이 기사의 행위에 어떤 점이 비난받아야 할 것인가? 그대의 어리석은 딸의 마음이 그에게로 향했다는 것이 그의 죄가 되느냐?

한스: 이 전체 사건에서 그를 고소하는 내용이 뭐냐?

테오발트: 고소하는 내용이 뭐냐고요? 말로 표현할 수 없고 생각으로도 가늠할 수 없는 무서운 놈! 케루빔 천사가 옷을 벗고 발하는 광채에, 5월의 따사로운 햇볕 같은 빛에 너의 영혼을

드러내고, 태연히 '나는 죄 없다'는 모습으로 거기에 서 있었지 않았느냐? ——

아버지가 애정풍부한 가슴에 입술을 갖다 대게 하려고 다가가자, 그녀는 아주 창백해지며 자신을 물어뜯으려는 이리를 피해 도망치듯 아버지에게서 도망쳤으니, 세상에서 가장 순수한 딸의 마음을 이렇게 바꿔놓은 저 녀석을 보고 제가 몸을 벌벌 떠는 것이 당연하지 않을까요? 자 그럼, 악마들이여 모두 정체를 드러내라, 어둠에 사는 늪지 냄새의 마법의 여왕도, 생각대로 나타나라! 보통 인간의 법으로는 뽑아버리려고 하는 악마의 세력이여, 자 싹을 내어 마녀들의 숨결 아래 꽃피우고 무성하게 되고, 점점 자라서 산림이 되어라. 나무의 우듬지들이 서로 부딪혀 응달을 만들어 대지에서 자라나는 모든 종류의 초목을 썩게 하여라! 지옥의 독액이여, 잎이랑 줄기에서 폭포처럼 되어 이 대지 위에 떨어져 숨 막히게 하는 독기를 구름 위에까지 올려라. 그리고 모든 생물의 혈관 가운데로 흘러들어 대홍수가 되어 미덕도 순수도 싹 쓸어가 버려라!

오토 백작: 백작이 그대 딸에게 독약을 주입했는가?

벤첼: 당신은 그가 그녀에게 마술의 요액(妖液)을 마시게 했다고 생각하는가?

한스: 그것을 마신 사람의 마음을 이상한 힘으로 농락하는 아편이라도 주었는가?

테오발트: 독이냐 아편이냐 하고 물었습니까? 여러분, 무엇을 바랍니까? 저 녀석이 바위 그늘에서 그녀에게 먹였던 음료수 병의 마개를 제가 닫지 않았습니다. 제 딸이 매일 밤 그의 마구간에서 잠을 잘 때, 저는 그 자리에 있지도 않았습니다. 저 녀석이 딸에게 독을 주입했는지 안했는지를, 제가 어떻게 알 수 있을까요? 여러분 아홉 달을 참고 기다려 주십시오. 그러면 젊은 제 딸의 몸이 어떻게 변하는지 알 수 있을 것입니다.

슈트랄 백작: 이 늙은 당나귀 같은 영감! 저자에게 해줄 나의 대답은 내 이름뿐이다. 딸을 불러들이시오! 만약 딸이 이런 생각을 희미하게 암시하는 말을 한마디라도 한다면, 그때에는 하수구의 백작, 악취의 백작이나 그밖에 여러분의 정당한 분노에 값하는 어떤 이름으로 나를 불러도 좋습니다.

제2장

눈을 가린 케트헨이 두 사람의 옥리에 이끌려 등장한다. 옥리들이 눈가리개를 떼고 나간다. 앞에 나온 사람들.

케트헨: (모여 있는 사람들을 둘러본다. 슈트랄 백작을 발견하고는 백작 앞에 무릎을 꿇는다.)

고귀하신 백작님!

슈트랄 백작: 무엇을 원하느냐?

케트헨: 저는 재판관 앞에 불려 나왔습니다.

슈트랄 백작: 너를 재판하는 자는 내가 아니다. 일어서라, 그분은
　　저기에 앉아 계신다.

　　나는 여기에 너와 마찬가지로 피고로 서 있다.

케트헨: 고상하신 백작님, 농담도 잘 하시는군요.

슈트랄 백작: 농담이 아니다! 잘 들어라!

　　왜 너는 그렇게 내 앞에서 머리를 숙이는가?

　　이미 고백한 바와 같이 나는 마법사이다.

　　자, 너를 묶었던 마법의 실에서 지금 너의 젊은 영을 풀어준다.

　　(그녀를 일으킨다.)

슈트랄 백작: 자, 아가씨 이쪽으로 오너라. 여기가 재판정이다!

한스: 우리는 너의 재판관들이다!

케트헨: (주변을 둘러보며) 여러분은 저를 시험하고 계십니다.

벤첼: 이리 오너라! 여기서 우리에게 대답해라!

케트헨: (슈트랄 백작 곁에 서서 재판관들을 쳐다본다.)

오토 백작: 자, 그럼?

벤첼: 어서?

한스: 제발 그렇게 하지 않겠니?

오토 백작: 제발, 재판관들의 명령에 따라라.

케트헨: (혼자서) 그들이 나를 부른다.

벤첼: 그렇다!

한스: 그녀가 지금 무슨 말을 하는가?

오토 백작: (놀라면서)

여러분, 이 이상한 아가씨는 어디가 아픈 것이지?

(세 사람이 서로 얼굴을 쳐다본다.)

케트헨: (혼자서) 머리에서 발끝까지 저렇게 수건을 드리우고 그

들이 앉아 있네.

최후의 심판 때처럼!

슈트랄 백작: (그녀를 흔들어 깨우며)

이상한 아가씨, 무슨 꿈을 꾸고 뭘 하고 있느냐?

너는 여기 비밀 재판정에 서 있는 것이다!

너도 알다시피, 내가 마법을 사용해 네 마음을 사로잡았다고

해서 고소당했다.

자, 저 사람들 앞으로 가서 지금까지의 일을 말해라!

케트헨: (그를 쳐다보며 두 손을 자신의 가슴에 댄다.)

— 당신이 너무 심하게 말씀하시니 저는 울고 싶습니다!

고귀하신 백작님, 당신의 하녀인 제게

이런 이상한 경우에 어떻게 하면 좋을지를 가르쳐 주십시오.

오토 백작: (초조하게)

가르쳐 달라고! —무엇을?

한스: 맹세코! 처음 보는 일이다.

슈트랄 백작: (더 온화하지만 단호하게)

　당장 법정 앞으로 가서 저 사람들의 심문에 대답해라!

케트헨: 아니에요, 말씀하세요!

　당신이 고소당했습니까?

슈트랄 백작: 그렇다.

케트헨: 그렇다면 저기 앉아 있는 사람들이 당신의 재판관입니까?

슈트랄 백작: 그렇다.

케트헨: (재판관 앞으로 나가면서)

여기에 계신 당신들이 누구이든 간에, 즉시 재판석에서 일어나 이 사람에게 그 자리를 양보하세요! 영원히 살아계신 신들에게 걸고 맹세합니다.

이 사람의 마음은 자신의 갑옷과 투구처럼 청순하게 빛나고 있습니다.

그것과 비교한다면, 여러분의 마음과 저의 마음은, 여러분의 망토처럼 새까맣습니다!

여기서 죄를 지으면, 이 사람이 재판관이 되며,

여러분은 모두 피고석에 서서 벌벌 떨어야 합니다!

오토 백작: 어리석은 자여! 이제 막 탯줄을 자르고 나온 네가,

어디에서 그런 예언적 지혜를 받았느냐? 어느 사도가 그걸 네

게 가르쳐주더냐?

테오발트: 저 불행한 아이를 보세요!

케트헨: (아버지를 쳐다보며 그에게 다가간다.)

　아, 아버지!

　(아버지의 손을 잡으려 한다.)

테오발트: (단호한 어조로) 지금 네가 가야할 곳은 저기다!

케트헨: 저를 쫓아버리지 마세요.

　(아버지의 손을 잡고 입을 맞춘다.)

테오발트: ― 너는 나를 알아보겠느냐?

　네가 사라진 뒤로 머리가 이렇게 백발이 되었는데도.

케트헨: 아버지의 곱슬곱슬한 머리카락이 빠지는 것을 생각하지

　않은 날은 단 하루도 없었습니다.

　참으십시오. 지나치게 상심하지 마십시오.

　어떤 기쁜 일이 그 머리카락을 다시 검게 해줄 수 있다면,

　아버지는 다시 청년처럼 피어나실 것입니다.

오토 백작: 정리들, 그녀를 붙잡아 이리 데려와라!

테오발트: 사람들이 너를 부른다. 저리로 가거라.

케트헨: (정리들이 다가오는 것을 보고 재판관들에게)

　저에게서 뭘 원하십니까?

벤첼: 여러분, 이렇게 말을 듣지 않는 아가씨는 처음이다.

오토 백작: (케트헨이 심문석에 서자)

너는 여기서 우리의 질문에 간단명료하게 대답해야 한다!

우리는 양심에 따라 너를 재판하는 재판관이다.

네가 죄를 범하면 받게 될 벌,

그 벌을 너의 건방진 영혼이 느끼게 될 것이다.

케트헨: 고상하신 재판관 여러분, 도대체 뭘 알고 싶습니까? 말
씀해 주십시오!

오토 백작: 슈트랄 백작이 너의 아버지 집에 왔을 때, 왜 너는 하
느님 앞에 엎드리듯이 그의 앞에 넙죽 엎드렸는가?

그가 말을 타고 떠날 때에, 왜 너는 무분별하게 창문에서 길
위로 뛰어내렸는가?

다리의 상처가 낫자마자, 여기저기로, 밤의 어둠과 무서움, 그
리고 안개에도 굴하지 않고 그의 군마가 가는 곳마다, 왜 그
의 뒤를 졸졸 따라갔느냐?

케트헨: (얼굴이 몹시 붉어지면서 슈트랄 백작을 향해)

그것을 여기 이 사람들에게 꼭 말해야만 합니까?

슈트랄 백작: 어리석은 아가씨야, 마법에 걸려 정신이 이상해졌구
나!

왜 내게 묻느냐? 사실대로 말을 하라는 이 재판관들의 명령이
면 충분하지 않은가?

케트헨: (땅에 엎드리며)

백작님, 만약 제가 잘못했다면 저의 목숨을 가져가세요! 남들

이 알지 못하는 가슴속에서 일어난 일, 하느님도 책망하지 않는 일은, 아무도 알 필요가 없습니다. 그것에 대해 제게 묻는 사람을 저는 잔인한 사람이라고 부르겠습니다. 그래도 백작님이 알고자 하신다면 말씀해 주세요. 백작님께 저의 마음을 숨김없이 터놓겠습니다.

한스: 유사이래 이런 예가 있는가?

벤첼: 백작 앞에 엎드리다니 ―

한스: 무릎을 꿇다니 ―

벤첼: 마치 구세주 앞에서처럼!

슈트랄 백작: (재판관들에게)

고상하신 재판관님, 이 아가씨의 어리석음을 내 탓으로 돌리지 마세요.

광기가 이 처녀를 사로잡았다는 것은 분명합니다.

여러분과 마찬가지로 나도 이게 무슨 광기인지 이해할 수가 없어요.

만약 허락해 주신다면 내가 그것을 그녀에게 물어보겠습니다.

그리하여 여러분은 나의 심문을 통해 내 마음에 죄가 있는지 없는지를 판단할 수 있을 것입니다.

오토 백작: (그의 얼굴을 탐색하듯이 쳐다보며)

좋아요, 백작! 한번 해보시오. 그녀에게 질문 하나 해 보시오.

슈트랄 백작: (아직도 무릎 꿇고 있는 케트헨을 향해)

카타리나여, 내 말을 잘 들어라,

네 마음 깊은 곳에 있는 상념을 내게 털어놓겠느냐?

케트헨: 아, 어르신, 원하신다면 제 마음은 모두 당신 것입니다.

그러면 당신은 분명히 제 마음속에 품은 것을 다 아실 것입니다.

슈트랄 백작: 그렇다면 묻겠다, 아버지 집을 나선 것은, 한마디로

말해, 도대체 무엇 때문인가? 어째서 너는 내가 가는 곳마다

꼭 붙어 따라다녔느냐?

케트헨: 높으신 어르신! 당신은 저에게 너무 많은 것을 묻습니다.

제가 지금 당신 앞에 엎드리듯, 양심 앞에 엎드린다고 해도,

제 자신의 양심을 엄격한 재판관의 자리에 앉히고,

그 옆에 고문의 도구와 화염이 기다리고 있다고 해도,

지금 당신이 묻는 것에는 모릅니다, 라고 말씀드릴 것입니다.

슈트랄 백작: 아가씨, 나에게 거짓말하는가? 내가 훤히 알고 있는

것까지도 속이려고 하느냐?

네 마음과 영혼을 현혹시키는 나,

장미의 꽃받침을 여는 빛처럼, 너를 훤히 보고 있는 나를 속

이느냐? —

너의 몸과 마음에 무슨 일이 일어났느냐?

자, 내가 너에게 무슨 짓을 했는지 말해 보아라.

케트헨: 어디서요?

슈트랄 백작: 여기든 저기든 다 좋다.

케트헨: 언제요?

슈트랄 백작: 언제라도 좋다, 최근이든 이전이든.

케트헨: 높으신 어르신, 대답할 수 있도록 도와주십시오.

슈트랄 백작: 그래 내가 도와주지.

　이상한 아가씨다. ― (잠시 말을 중단하고)

　너는 아무것도 생각나지 않느냐?

케트헨: (바닥을 쳐다보고 있다.)

슈트랄 백작: 나를 만난 장소 중 어디가 가장 기억에 남아 있나?

케트헨: 라인강이 제일 잘 기억납니다.

슈트랄 백작: 맞다. 바로 그곳이다. 내가 알고자 한 것이 그것이다.
　라인 강변의 바위에서 우리는 한낮의 더위를 피해 함께 쉬고
　있었다.

　― 그때 네게 무슨 일이 일어났는지 기억나지 않느냐?

케트헨: 기억이 나지 않습니다, 존경하는 어르신.

슈트랄 백작: 기억나지 않는다고? 아무것도 기억나지 않느냐?

　― 갈증을 풀기 위해 내가 너에게 뭘 주었지?

케트헨: 백작님은, 당신이 준 포도주를 제가 사양했습니다. 그러
　자 당신의 충실한 하인 곳샬크를 동굴로 보내 물을 한 잔 떠
　서 제게 주라고 하셨습니다.

슈트랄 백작: 그런데 내가 너의 손을 잡고 억지로 네 입에 뭘 넣
　었다. ― 안 그래? 왜 입을 닫고 있느냐?

케트헨: 그것은 언제의 일입니까?

슈트랄 백작: 바로 그때의 일이다.

케트헨: 아닙니다, 높으신 어르신, 그렇지 않습니다.

슈트랄 백작: 그 후인가?

케트헨: 스트라스부르크에서 말입니까?

슈트랄 백작: 아니면 그 이전에.

케트헨: 당신은 한 번도 제 손을 잡지 않았습니다.

슈트랄 백작: 카타리나여!

케트헨: (얼굴이 붉어지며)

　　용서해 주세요. 하일브론에서 한 번!

슈트랄 백작: 언제?

케트헨: 아버지께서 당신의 갑옷을 고치고 있을 때요.

슈트랄 백작: 그밖에는 없는가?

케트헨: 없습니다, 높으신 어르신.

슈트랄 백작: 카타리나여!

케트헨: 제 손을 잡으셨습니까?

슈트랄 백작: 그렇다. 손 아니면 다른 데다.

케트헨: (힘들게 생각하며)

　　아, 기억이 납니다. 스트라스부르크에서 제 턱에 손을 댄 일이
있습니다.

슈트랄 백작: 언제 말이냐?

케트헨: 제가 문지방에 앉아 울고 있을 때였습니다.

　당신이 뭘 물어보셨는데, 제가 대답하지 않았습니다.

슈트랄 백작: 왜 대답하지 않았지?

케트헨: 부끄러워서입니다.

슈트랄 백작: 부끄러워서라고? 맞다! 내가 제안하니까, 넌 목까지

　붉어졌다.

　내가 무슨 제안을 했지?

케트헨: 당신은 제 아버지가 슈바벤에서 저를 걱정하신다고 말

　씀하신 다음, 말(馬)을 붙여 주면서 제게 하일브론의 아버지

　곁으로 돌아가지 않겠느냐고 물었습니다.

슈트랄 백작: (냉정히)

　그런 것을 물은 적이 없다! ― 자, 다시 생각해 봐!

　그런데 내 일생에 대체 어디서 너를 만났지?

　― 나는 가끔 너를 만나러 마구간에 갔었다.

케트헨: 아닙니다, 존경하는 어르신.

슈트랄 백작: 아니라고? 카타리나여!

케트헨: 당신은 저를 만나러 마구간으로 온 일이 한 번도 없고,

　제 몸에 손을 댄 일은 더더욱 없습니다.

슈트랄 백작: 뭐, 한 번도 없다고?

케트헨: 없습니다. 존경하는 백작님.

슈트랄 백작: 카타리나여!

케트헨: (강하게) 결코 없습니다. 대단히 존경하는 어르신, 결코 없습니다.

슈트랄 백작: 자, 보십시오. 이 아가씨는 거짓말쟁이입니다! 맹세합니다.

케트헨: 만약 당신이 제게 손을 댔다면…… 저는 지옥에 떨어져도 좋습니다.

슈트랄 백작: (과격한 척하면서)

이 말괄량이 소녀가 스스로 맹세하고 자신을 저주하는구나! 자신의 젊은 혈기로 범한 과오를 하느님께서 용서하실 거라고 믿고 있구나!

— 닷새 전 저녁 무슨 일이 일어났지? 우리가 마구간에 있을 때, 이미 어두워져, 나는 곳샬크에게 물러가라고 명했다.

케트헨: 오, 하느님! 저는 잠시 깜빡 잊었습니다! —

슈트랄 성에서 당신이 저를 만나러 마구간에 오셨습니다.

슈트랄 백작: 자, 이로써 분명해졌다.

이 아가씨는 이렇게 말하여 영혼의 구원을 놓쳐버렸다!

슈트랄 성의 마구간으로 내가 그녀를 만나러 갔다!

케트헨: (운다.)

(사이)

오토 백작: 이것은 지나치게 이 아가씨를 괴롭히는 것이다.

테오발트: (케트헨에게 다가가며)

자, 애야, 이리와.

(케트헨을 일으켜서 가슴에 안는다.)

케트헨: 놔두세요. 가만 놔두세요.

벤첼: 그것은 결코 인정 있는 처사가 아닙니다.

오토 백작: 그래서 결국 슈트랄 성의 마구간에서는 아무 일도 없었다는 것이지요.

슈트랄 백작: (재판관들을 보면서)

판사님들, 여러분이 그렇게 믿으신다면, 하늘에 맹세코, 나도 그걸 믿습니다!

명령을 내리세요! 이것으로써 심문은 끝났으니까요.

오토 백작: 우리의 의견은, 당신에게 그 처녀를 심문하게 한 것이지, 야만스런 승리를 거두어 그녀를 조롱하라고 한 게 아닙니다.

당신이 날 때부터 그와 같은 권능을 가졌다고 해도,

그것을 이와 같이 행사하는 것은, 당신에게 죄를 씌우는 마법보다 더 저주스럽습니다.

슈트랄 백작: (케트헨을 안아 일으키며)

여러분, 내가 그렇게 했던 것은 오직 그녀를 자랑스럽게 여러분 앞에 세우기 위해서 입니다. 나 자신을 위한 것은 아닙니다. ―

(땅바닥을 가리키며)

나 대신 내 장갑을 여러분 앞에 두겠습니다.

저 아가씨가 결백하다고 믿으신다면, — 사실 저 아가씨는 결백합니다. —

그녀를 이곳에서 떠나게 허락해 주시기 바랍니다.

벤첼: 그걸 원하는 이유가 당신에게 있는 것 같습니다.

슈트랄 백작: 이유? 결정적인 이유가 있습니다. 여러분도 저 아가씨를 쓸데없이 조롱하지 마시기 바랍니다.

벤첼: (강조하며)

당신이 괜찮다면, 그때 당신 마구간에서 일어난 일을 들어보고 싶습니다.

슈트랄 백작: 여러분도 그것을 원합니까?

벤첼: 물론입니다!

슈트랄 백작: (얼굴이 빌겋게 되어, 케트헨을 향해)

무릎을 꿇어라!

(케트헨은 백작 앞에 무릎 꿇는다.)

오토 백작: 슈트랄 백작, 당신은 아주 뻔뻔하군요!

슈트랄 백작: (케트헨에게)

좋아, 내게 대답해라. 다른 사람에게는 대답할 필요가 없어.

한스: 당신이 괜찮다면, 우리가 이 아가씨에게 묻겠습니다.

슈트랄 백작: (케트헨에게) 움직이지 마라!

여기서는 네 마음을 자발적으로 바치는 자 말고는 아무도 너를 재판하지 못한다.

벤첼: 백작, 우리도 방법이 있어요.

슈트랄 백작: (격분을 자제하면서) 안 됩니다, 그렇게 해서는 안 됩니다.

여러분이 그녀를 강제로 심문하려 한다면, 나는 마구 소동을 피우겠습니다.

그런데 재판관님들, 여러분이 알고 싶어 하는 게 도대체 무엇입니까?

한스: (격앙되어)

이게 어찌된 일이냐!

벤첼: 그런 반항적인 태도는 결코 용서할 수 없다!

한스: 어이, 정리들!

오토 백작: (낮은 소리로)

그만해, 친구들! 그의 신분을 생각하게!

판사 1: 자신의 잘못을 감추기 위해 교활하게 심문해야 할 이유가 없지 않는가.

판사 2: 나도 그렇게 생각하네! 그에게 심문을 위임하는 게 좋겠다.

오토 백작: (슈트랄 백작에게)

닷새 전 저녁 이미 어두워지기 시작했을 무렵, 당신은 슈트랄 성의 마구간에서 곳샬크에게 물러가라고 명령했다. 그때 무슨 일이 일어났는지 그녀에게 물어보시오.

슈트랄 백작: (케트헨에게)

닷새 전 저녁에 이미 어두워지기 시작했을 무렵

나는 슈트랄 성 마구간에서 곳샬크에게 떠나라고 명령했다,

그때 무슨 일이 일어났느냐?

케트헨: 높으신 어르신, 지금까지 부족한 점이 있었다면 용서해

주세요.

이제부터는 모든 것을 하나도 남김없이 말씀드리겠습니다.

슈트랄 백작: 좋다. ― 거기서 내가 너에게 손을 댔다. ― 아닌가?

물론이다!

그것은 이미 고백했지?

케트헨: 예, 그렇습니다. 존경하는 어르신.

슈트랄 백작: 그런데?

케트헨: 존경하는 어르신?

슈트랄 백작: 내가 무엇을 알고 싶어 하는지 아느냐?

케트헨: 당신이 알고 싶어 하는 것이 무엇입니까?

슈트랄 백작: 그래, 그것을 말해라! 왜 네 말이 막히느냐?

내가 너를 붙잡고, 껴안고, 키스를 했지.

그리고 내 팔로 너를 휘감고 ― ?

케트헨: 아닙니다, 높으신 어르신.

슈트랄 백작: 그럼 어떻게 했느냐?

케트헨: 발로 저를 걷어찼습니다.

슈트랄 백작: 발로 걷어찼다고? 아니야, 나는 개한테도 그런 짓은 안 해.

왜? 대체 무슨 이유로? 네가 나에게 무슨 짓을 했느냐?

케트헨: 자애로운 아버지께서 저를 데려가려고 말을 몰고 오셨을 때,

저는 깜짝 놀라 아버지에게 등을 돌렸습니다.

저를 아버지의 손에 넘겨주지 말라고 정신없이 빌면서 당신 앞에 엎드렸기 때문입니다.

슈트랄 백작: 그런데 내가 너를 발로 내쫓았다고?

케트헨: 예, 그렇습니다. 존경하는 어르신.

슈트랄 백작: 그건 연극이었다! 아버지를 속이기 위해서지.

넌 그 후로 계속 슈트랄 성에 머물러 있었다.

케트헨: 아닙니다, 존경하는 어르신.

슈트랄 백작: 성에 있지 않았다니, 그럼 어디로 갔느냐?

케트헨: 당신이 벌겋게 화난 얼굴로 채찍을 들었을 때, 저는 성에서 나와 이끼 낀 성문 밖으로 나갔습니다. 그리고 무너진 성벽 옆에 자리를 잡았습니다.

달콤한 향기가 나는 라일락 숲에 검은방울새가 재잘거리며 집을 지은 곳입니다.

슈트랄 백작: 그런데 내가 개를 풀어서 너를 그곳에서 쫓아내었

지?

케트헨: 아닙니다, 존경하는 어르신.

슈트랄 백작: 개에게 쫓겨 네가 내 영지의 경계 밖으로 물러갔을 때, 내가 너를 좇아가라고 이웃사람까지 불렀지?

케트헨: 아닙니다, 그런 일은 없습니다. 존경하는 어르신! 무슨 말씀을 하세요?

슈트랄 백작: 없었다고? — 그 점 때문에 이 재판관들이 나를 문책하는 것이다.

케트헨: 이 사람들의 의견에 조금도 신경 쓰지 마십시오. 당신은 그로부터 사흘째 되는 날에 하인 곳샬크를 보내어 제게 이런 말을 전했습니다. "케트헨, 나는 너를 결코 나쁘게 생각하지는 않아. 그러나 사리를 잘 분별해서 이곳을 떠나주길 바란다."라고,

슈트랄 백작: 그때 네가 곳샬크에게 어떻게 답했니?

케트헨: 저는 이렇게 말했습니다.

당신은 사랑스런 목소리로 울고 있는 검은방울새에게 이 향기 나는 아름다운 라일락 숲에서 사는 것을 허락하셨습니다. 이처럼 하일브론의 케트헨에게도 이곳에 살도록 허락해 주십시오, 라고.

슈트랄 백작: (케트헨을 일으켜 세우며)

자, 여기까지 이야기 했으니, 비밀 재판소의 판사님들, 이 아

가씨를 받으시고,

여러분이 원하시는 대로 그녀와 나를 처분하십시오!

(사이)

오토 백작: (불쾌하여) 어리석은 망상에 빠진 자!

연애라고 하는 흔히 있는 자연의 마법도 모르는구나. —

여러분, 여러분도 나처럼 판단 했다면,

이것으로 심문을 끝내고, 표결에 들어갑시다.

벤첼: 끝을 냅시다!

한스: 표결을 합시다!

일동: 표를 모으자!

한 재판관: 어리석은 늙은이!

사건은 명백하다. 표결에 붙일 만한 일이 아니로다.

오토 백작: 전령관, 투구에 표를 모아라. 투구를 가지고 오너라.

(전령관, 구슬을 투구에 모아 오토 백작 앞에 갖고 온다.)

오토 백작: (일어서며)

프리드리히 베터 폰 슈트랄 백작!

본 재판소는 만장일치로 그대에게 무죄를 선고합니다.

거기 있는 테오발트여! 그대는 이후로도 더욱 분명한 증거 없

이는 이 같은 소송을 다시는 제기하지 말게.

(재판관들에게)

여러분, 자리에서 일어서시오. 이것으로 폐정(閉廷)입니다.

(재판관들이 자리에서 일어선다.)

테오발트: 존경하는 판사님들, 여러분은 저자에게 무죄를 선고하
십니까?

신은 세계를 무에서 창조했다고 하는 겁니까?

그러면 마법의 약도 없이, 그녀를 천지창조 때처럼 혼돈으로
빠뜨린 저기 저자는 사탄임이 틀림없지 않습니까?

오토 백작: 입 닥쳐라. 바보 같은 늙은이! 우리는 그대의 미친 머
리를 고치려고 온 것이 아니다.

정리들, 자! 임무를 다해라. 이자의 눈을 가려서 들판으로 데
려가거라.

테오발트: 뭐라고요? 들판에? 이 의지할 곳 없는 노인을?

그리고 나의 이 사랑스런 무남독녀는 — ?

오토 백작: 슈트랄 백작, 비밀 재판소는 이 일을 그대에게 맡깁니
다. 그대는 이곳에서, 그대의 위력을 여러 가지로 우리에게 보
여주었소.

그런데, 헤어지기 전에 또 하나, 최대의 실증을 보여주시오.

이 아가씨를 늙은 아버지에게 돌려주시오.

슈트랄 백작: 여러분, 내가 할 수만 있다면, 해 보겠습니다.

— 아가씨!

케트헨: 고상하신 어르신.

슈트랄 백작: 넌 나를 사랑하느냐?

케트헨: 예, 진심으로!

슈트랄 백작: 그럼, 부탁 하나만 들어줘.

케트헨: 그게 무엇입니까? 말씀하세요.

슈트랄 백작: 나의 뒤를 따르지 마라. 하일브론으로 돌아가라. —

　　자, 그렇게 해라.

케트헨: 이미 약속했습니다.

　　(실신하여 넘어진다.)

테오발트: (그녀를 붙들며)

　　내 아이야! 무남독녀야! 아, 신이여 도와주소서!

슈트랄 백작: (얼굴을 돌려 정리를 향해)

　　정리, 수건을 이리 줘!

　　(그는 스스로 눈을 감싼다.)

테오발트: 눈에서 나는 빛을 쳐다보는 사람을 죽이는 바실리스크

　　의 악령이 저주스럽다!

　　내가 너의 이런 기술까지 보아야만 하는가?

오토 백작: (재판관의 자리에서 내려오며)

　　무슨 일인가, 여러분!

벤첼: 아가씨가 바닥에 쓰러졌습니다.

　　(모두 그녀를 쳐다본다.)

슈트랄 백작: (정리들에게)

　　나를 빨리 밖으로 데려가요!

테오발트: 지옥으로 가거라! 이 사탄아!

뱀의 머리카락이 난 지옥의 문지기가 요술쟁이인 너를 붙잡아, 저주의 불이 타고 있는 그곳에서 만 길(尺)이나 더 깊은 곳으로 집어 던져버렸으면 좋겠다!

오토 백작: 노인, 입을 다물어. 입을 닫아라.

테오발트: (운다.) 내 딸 케트헨아!

케트헨: 아! —

벤첼: (기뻐하며)

그녀가 눈을 떴다!

한스: 곧 정신을 차릴 것이다.

오토 백작: 문지기의 집으로 데려가는 것이 좋겠군! 자!

(일동 퇴장)

제2막

장면 : 비밀 재판소의 동굴 앞 숲

제1장

눈이 가려진 슈트랄 백작이 두 명의 정리에 이끌려 나온다. 정리들은 그의 눈가리개를 풀고 동굴로 돌아간다. ― 슈트랄 백작이 땅바닥에 털썩 주저앉아서 운다.

슈트랄 백작: 자, 목동처럼 이곳에 누워 내 신세를 좀 한탄하자. 석양(夕陽)이 울창한 숲의 나뭇가지 사이로 아직 붉게 비추고 있다. 잠시 후에는 저 언덕 너머로 해가 질 것이다. 내가 다시 일어나 평지에 난 길을 말을 타고 달려간다면, 소등(消燈) 전에 베터 슈트랄의 성에 도착할 것이다. 이렇게 상상해 보자. 저 아래 우물곁에 있는 내 말(馬)을 바위에 오르기도 하고 풀이랑 쓰디쓴 나뭇잎을 뜯고 있는 산양이나 염소로 생각하자. 나는 가볍고 흰 천의 옷을 입고 붉은 띠를 두르고 있는 목동이다. 내 주변에 휘날리는 부드러운 바람은, 이 아픈 가슴에서 솟아나는 슬픈 탄식을 하늘 높이 신들의 귀에 들려준다. 그렇다, 나는 국어사전을 샅샅이 뒤져 '감정'이라는 표제가 붙어 있는 풍부한 한 장을 완전히 내 것으로 만들자. 그리하여 시

인들이 다시는 새로운 방식으로, "나는 슬프다"라고 읊지 못하게 하리라. 슬픔이 자아내는 감동적인 것을 모두 모으자. 환희와 숨이 끊어질 정도의 비탄을 차례로 노래하자, 그리고 우아한 댄서처럼, 영혼을 매혹시키는 복잡한 움직임을 통해, 내 목소리를 내자. 그런데도 나무들이 감동하지 않고, 아름다운 이슬을 비 오듯이 쏟아 붓지 않는다면, 나무는 역시 나무에 지나지 않는다. 나무에도 마음이 있다고 하는 시인의 말은 그저 재미있게 지어낸 이야기에 지나지 않는다. 아, ― 너를 어떻게 불러야 좋을까? 케트헨! 왜 너를 내 사람이라고 할 수 없을까? 왜 내가 너를 안고, 어머니가 나를 위해 지어주신 큰 방의 천개(天蓋)가 달리고 향기 나는 침대로 데리고 갈 수 없을까? 케트헨, 귀여운 아가씨, 케트헨! 너의 젊은 혼이, 오늘 법정에서 벌거벗은 모습으로 내 앞에 섰을 때, 관능적인 아름다움을 드러내었다. 그것은 몸에 향유를 바른 페르시아 왕의 신부가 그 향유를 융단 위에 뚝뚝 떨어뜨리면서 침실로 인도될 때와 같았다. 케트헨, 사랑스런 아가씨 케트헨, 왜 나는 그렇게 할 수 없는가? 너의 아름다움을 노래로 찬양하려해도 내 노래로는 미치지 않네. 그러므로 나는 내 독자적인 방식으로, 너를 위해 엉엉 울리라. 천상의 감정이든 지상의 감정이든 가리지 않고 모든 감정의 병마개를 열어, 신성하면서도 동시에 음탕한 생각의 눈물, 매우 독특한 눈물을 만들어 내겠다. 그리하여 내 눈물을 본 사람은 누구나 '아, 이것은 하일브론의 케트헨을 생각하는 눈물이다.'라고 말하게 하리라…… 하얀 수염을 늘어뜨린 조상들이여, 무엇을 원하십니까? 성 무기고의 갑옷에 몸을 고정시키고 있는 조상들의 초상이여! 왜 금박의 액자에서 빠져나왔으며, 무슨 이유로 그 고상한 백발을 흔들면서, 제 주변에 불안하게 모여듭니까? 아닙니다, 아닙니다, 아니올시다. 그 아가씨를 사랑하고 있지만 그녀를 제 아내로 바라지는 않습니다. 당신들의 자랑스러운 무리에 저도 들고 싶습니다. 그것은 당신들이 오시지 않더라도, 이미 결정된 일입니다. 대열의 선두에 서 계신 큰할아버지 빈프리트님! 우리 가명(家名)을 지으신 최초의 사람, 제우스와 같은 이마를 가진 신과 같은 분이시여, 저는 당신에게 여쭙겠습니다. 우리 일족의 최초의 어머니도 이 아가씨처럼 모든 부인의 미덕을 갖추고, 몸과 마음이 이 아가씨보다 더 깨끗하며 더 사랑스런 매력을 지니고 있었습니까? 아, 대조부 빈프리트님! 백발의 고령이신 당신! 저는 당신의 손에 키스하고, 제가 존재하고 있음을 감사드립니다. 그런데 만약 당신이 이와 같이 아름다운 아가씨를 그 강철 같은 가슴에 안으셨더라면, 당신은 왕의 일족을 자손으로 낳았을 텐데요. 그리하여 지상의 모든 통치자는 베터 폰 슈트랄가(家)의 이름을 지닐 텐데요! 제가 마음을 가다듬으면 이 상처는 낫게 된다는 사실을 알고 있습니다. 어떤 상처라도 낫게 하려고 생각하면 낫지 않을 것은 없기 때문입니다. 그런데 케트헨이여, 만약 너와 같은 아가씨를 나의 아내로 맞이할 수만 있다면, 나는 세상의 여러 나라들로 편력하리라. 그리하여 지상의 모든 언어를 배워, 사람의 입에 오르는 모든 말로 신을 찬미하리다. ― 아, 곳샬크다.

제2장

곳샬크, 슈트랄 백작

곳샬크: (밖에서) 아, 저기! 슈트랄 백작님이 계시네!

슈트랄: 백작 무슨 일이냐?

곳샬크: 큰일났습니다. ― 마님으로부터 사자(使者)가 왔습니다.

슈트랄 백작: 사자라고?

곳샬크: 말을 타고 고삐를 길게 늘어뜨리고 숨을 헐떡거리며 먼 길을 힘껏 달려왔습니다. 주인님 성이 활이고 사자가 화살이라도 이보다 더 빨리 날아올 수 없었을 것입니다.

슈트랄 백작: 무슨 소식인가?

곳샬크: 여보세요, 프란츠! 여기로 오세요!.

제3장

기사 프람베르크 등장. 앞에 나온 사람들.

슈트랄 백작: 프람베르크! — 무슨 일로 그렇게 급하게 여기로 왔나?

프람베르크: 주인어른! 주인님의 어머님이신 백작 부인의 명령으로 달려왔습니다.

가장 날랜 말을 타고 가서 당신을 만나라고 하셨습니다.

슈트랄 백작: 그래? 무슨 소식을 갖고 왔느냐?

프람베르크: 전쟁. 맹세코 전쟁입니다. 방금 상대 사자의 입에서 전해 받은 따끈따끈한 도전입니다.

슈트랄 백작: (당황하며) 이번엔 누구의 도전인가? — 설마, 최근에 나와 평화를 체결한 저 성백(城伯)은 아니겠지?

(재빨리 투구를 쓴다.)

프람베르크: 라인 백(伯)입니다. 네카 강변의 포도밭에 성을 구축한 융커² 폰 슈타인입니다.

슈트랄 백작: 라인 백(伯)이라고? — 내가 라인 백과 무슨 관계가 있나? 프람베르크.

---

2   원래 귀족 대지주의 아들을 뜻하지만 중세 후기에는 기사의 작위를 받지 않은 귀족 대지주를 뜻했다.

프람베르크: 맙소사! 도대체 저 성백과 무슨 관계가 있습니까? 당신이 그 성백과 싸우기 전에 다른 많은 녀석들은 왜 당신과 싸웠지요? 만약 당신이 그와 같은 싸움의 원인인, 저 작은 그리스 제(製)의 화약을 끄지 않으면, 끝에는 슈바벤의 산지 전부가 당신을 향해 불타오르는 것을 보게 될 것입니다. 게다가 알프스 지방 및 훈스뤼크 지방까지도 말입니다.

슈트랄 백작: 있을 수 없는 일이다! 쿠니군데 양이 또다시 ―

프람베르크: 라인 백은 쿠니군데 폰 투르네크 양의 이름으로, 당신의 선조 오토가 그녀의 선조 페터로부터 특별한 매매 조건으로 양도받은 슈타우펜의 영지, 즉 세 개의 마을과 열일곱 개의 마을의 부속 토지를, 다시 사가라고 요구하고 있습니다. 결국 프라이부르크의 성백과 또 그 이전에 그녀의 사촌들이, 그녀의 이름으로 요구했던 것과 똑같은 사건입니다.

슈트랄 백작: (일어서며) 미쳐 날뛰는 요부다! 이번이 세 번째다. 그녀는 내 토지를 빼앗기 위해, 나의 목을 향해 마치 개를 부추기듯 제국 기사를 차례로 부추겨 왔다. 제국 전체가 그녀의 손에서 먹이를 받아먹는다고 생각해. 클레오파트라는 한 남자를 찾았고 그의 머리가 박살이 나 죽었을 때, 이를 본 다른 남자들은 각성했다. 그러나 그녀는 자기보다 늑골 하나가 부족한 남자를 모두 이용했다. 내가 한 녀석의 머리를 뒤헝클어서 그녀에게 돌려보내면, 그 보답으로 열 사람이 나에게로 달

려온다. — 그런데, 그가 무슨 이유를 대던가?

프람베르크: 누구 말입니까? 사자 말입니까?

슈트랄 백작: 그래, 그 사자는 무슨 이유를 대던가?

프람베르크: 주인어른, 이유라니요. 사자도 부끄러워 얼굴을 붉힐 정도입니다.

슈트랄 백작: 그가 페터 폰 투르네크의 이름을 대었지? 아닌가? 그리고 그 영지 매매가 무효라고 했지?

프람베르크: 물론입니다. 그리고 슈바벤의 법도 이야기했습니다. 말끝마다 의무와 양심을 들먹였습니다. 그리고 신에게 맹세하며 자신의 주군 라인 백이 아가씨의 사건을 떠맡는 것은 전부 순수한 동기에서 나온 것이라고 말했습니다.

슈트랄 백작: 아가씨의 붉은 뺨이 동기라고 말하지 않던가?

프람베르크: 그것에 대해서 그는 한마디도 하지 않았습니다.

슈트랄 백작: 그 여자가 천연두에 걸려버렸으면 좋겠다! 나는 밤이슬을 모아서 그녀의 하얀 목덜미에 붓고 싶다! 그녀의 저주받은 작은 얼굴이 나를 상대로 벌이는 모든 전쟁의 근본원인이다. 그녀가 목욕할 때 사용하는 3월의 눈 속에 독을 섞어 넣지 못하는 한, 나는 제국 내의 기사들 앞에서 조용히 쉬지 못할 것이다. 하지만 그냥 참자! — 그녀는 지금 어디에 머물고 있는가?

프람베르크: 슈타인 성에 묵고 있습니다. 사흘 전부터 그녀를 위

한 연회가 아주 요란하게 개최되어 하늘이 무너질 정도였으며, 해도, 달도 별도 볼 수가 없었습니다. 그녀가 차 버린 어느 성백은 복수심을 품고 있답니다. 만약 당신이 그에게 사절을 보낸다면, 틀림없이 당신과 손을 잡고 라인 백에 대항하리라 생각합니다.

슈트랄 백작: 좋다! 말을 대령해라! 출발이다. — 나는 이 젊은, 선동하는 여자에게 말해 둔다. 그녀가 그 작은 악당 같은 얼굴을 무기로 하여 계속 나를 공격하면, 나도 재미나는 연극 하나를 보여주겠다. 그러면 그녀는 그 멋진 얼굴을 영구히 덮어씌우지 않으면 안 된다. 자, 나는 이 오른손을 들고 맹세한다. 결단코 그 약속을 지키리라. — 모두들 나를 따라오너라!

(일동 퇴장)

제4장

장면: 산 속의 숯쟁이 오두막. 밤, 천둥번개.

성백 폰 프라이부르크와 그의 친구 게오르크 폰 발트 슈테텐 등장.

프라이부르크: (무대 뒤를 향해 소리 지른다.) 그녀를 말에서 내리게! —

(천둥번개) — 아이고, 벼락은 아무 데나 쳐도 좋다. 그러나 내 사랑하는 신부 투르네크 폰 쿠니군데의 분을 바른 머리 위에는 안 돼!

소리: (무대 밖에서) 여보시오, 어디 있습니까?

프라이부르크: 여기다!

게오르크: 이런 지독한 밤은 생전 처음이다.

프라이부르크: 하늘 밑이 빠졌다. 나무 우듬지와 산꼭대기도 물속에 잠겼다. 노아의 홍수가 다시 왔다.

— 그녀를 말에서 내리게!

소리: (무대 밖에서) 그녀는 움직이지 않습니다.

다른 소리: 그녀는 말의 옆에서 죽은 듯이 누워 있어요 —

프라이부르크: 아, 연극이다! 틀니를 잃어버리지 않으려고 하는 짓이다. 그녀에게 말하게, 나는 성백 프라이부르크이다, 그녀의 입에 진짜 이가 몇 개인지 정확히 헤아릴 수 있다고. — 자, 그녀를 이곳으로 데려와라!

(기사 샤우어만, 쿠니군데 양을 어깨에 메고 나타난다.)

게오르크: 저기가 숯쟁이의 오두막이다.

제5장

쿠니군데 양을 어깨에 멘 기사 샤우어만. 기사 베츠라프 그리고 성백의 병사들.
두 숯쟁이, 앞에 나온 사람들.

프라이부르크: (숯쟁이 오두막을 노크하며) 여보세요.

숯쟁이 1: (안에서) 노크하는 사람은 누구요?

프라이부르크: 이 녀석아, 묻지 말고 문 열어!

숯쟁이 2: (안에서) 멈춰라! 내가 열쇠를 돌리기 전에는 누구에게
  도 열어 주지 마! 설마 황제께서 오셨을 리는 없겠지?

프라이부르크: 악당아! 황제는 아니나 이곳을 통치하는 자다. 그
  증거로 왕홀 대신 나뭇가지를 꺾어 보여주겠다.

숯쟁이 1: (등불을 들고 나타난다.) 도대체 누구십니까? 무슨 용무
  이십니까?

프라이부르크: 나는 기사다. 중병이 든 여인을 데리고 왔다. 이 여
  자는 ―

샤우어만: (뒤에서) 등불을 치워라.

베츠라프: 저놈의 손에서 등불을 빼앗아 내동댕이쳐라!

프라이부르크: (그에게서 등불을 뺏으면서) 이 악당아, 왜 비추어 보냐?

숯쟁이 1: 여러분, 무슨 일입니까? 여기서는 제가 대장입니다. 왜
  저의 등불을 빼앗습니까?

숯쟁이 2: 당신네들은 누구입니까? 무슨 용무입니까?

프라이부르크: 기사라고 말했잖아, 이놈아!

게오르크: 우리는 여행하는 기사들이다. 착한 사람들아, 뜻밖에 뇌우를 만났다.

프라이부르크: (그의 말을 가로막고) 예루살렘에서 돌아온 기사들인데 고향으로 돌아가는 길이다. 그리고 이곳에 데리고 온 머리끝에서 발까지 망토에 둘러싸인 이 여인은 —

(천둥소리)

숯쟁이 1: 아, 그렇게 계속하여 구름을 흩어버려라! — 예루살렘에서 온다고 하셨습니까?

숯쟁이 2: 천둥 소리가 하도 커서 한마디도 알아들을 수 없어요.

프라이부르크: 그렇다. 예루살렘에서 왔다.

숯쟁이 2: 그런데 이곳에 메고 온 이 여인은 — ?

게오르크: (성백을 가리키며) 이 사람의 누이인데, 몸이 아프다. 착한 사람들, 여러분에게 바라는데 —

프라이부르크: (게오르크의 말을 가로막고) 아니다. 이 악당아, 저 사람의 누이야. 그리고 내 아내다. 지금 보고 있듯이, 우박을 맞아 반쯤 죽어 말 한마디도 할 수 없다. — 폭풍우가 지나가고 날이 밝을 때까지 네 집에서 쉴 자리를 원한다.

숯쟁이 1: 저의 오두막에서 쉬고 싶다는 말씀이십니까?

게오르크: 그렇다. 착한 숯쟁이들. 천둥번개가 그치면 우리는 여

행을 계속하겠다.

숯쟁이 2: 아니! 그렇게 소란스럽게 이야기해 놓고 고작 그 용건뿐입니까?

숯쟁이 1: 이자크!

프라이부르크: 쉬게 해 주겠나?

숯쟁이 2: 여러분, 황제의 개들이라도 문 앞에서 짖으면 들어오게 해야지요.

— 이자크, 이 녀석아 내 말 듣지 못했느냐?

소년: (오두막 안에서) 무슨 일입니까?

숯쟁이 2: 짚단을 부드럽게 깔고 덮개를 펴게! 병든 여인이 와서 우리 오두막에서 쉬고자 한다. 알아들었나?

프라이부르크: 안에서 말하는 이는 누구냐?

숯쟁이 1: 머리가 아마색인 열살 어린애입니다. 우리를 도와주는 아이입니다.

프라이부르크: 좋다. — 이리 와, 샤우어만! 봐라, 입에 물린 재갈이 풀려버렸네.

샤우어만: 어디요?

프라이부르크: 상관없다! — 자, 그 여자를 메고 들어가 저 구석에 내려놓아라! —

날이 밝으면, 너를 부르겠다.

(샤우어만, 쿠니군데 양을 오두막 안으로 옮긴다.)

제6장

샤우어만과 쿠니군데를 제외하고 앞에 나온 사람들.

프라이부르크: 자, 게오르크, 나는 환희의 현을 모두 켜고 노래하겠다. 우리는 그녀를 손에 넣었다. 우리는 쿠니군데 폰 투르네크를 우리의 손에 넣었다! 내가 아버지의 아들임이 확실하듯이, 맹세컨대, 나는 청춘 시절에 희망했던 천국의 행복 대신에 내일 날이 밝으면 얻게 될 즐거움을 포기할 수 없어! ―
그런데 넌 왜 발트슈테텐에서 더 일찍 오지 않았는가?

게오르크: 자네가 더 일찍 나를 부르러 사람을 보내지 않았기 때문이다.

프라이부르크: 게오르크여! 그녀가 동화에 나오는 여왕처럼 말을 타고 오는 것을 보았더라면 좋았을 텐데. 기사들에 둘러 싸여, 마치 유성들 사이에 있는 태양과도 같았어! 태양이 길에서 번쩍번쩍 빛을 반사하는 자갈에게, 나의 모습을 쳐다보면 너희는 녹아 버릴 것이다, 라고 말하는 것 같았어. 코카서스[3]에서 와서 알렉산드로스 대왕에게 키스를 요구한 아마존의 여왕 탈레스트리스도 그녀보다 더 매력적이고 더 멋지지는 않았을 것이다.

---

3 흑해와 카스피해 사이의 한 지방.

게오르크: 어디에서 그녀를 붙잡았나?

프라이부르크: 사흘간이나 그녀를 위해서 요란한 잔치를 열어 준 라인 백의 슈타인 성에서 다섯 시간 정도 떨어진 곳에서. 그곳까지 그녀와 동행했던 기사들이 그녀를 남겨두고 돌아가자마자, 나는 옆에 있던 그녀의 사촌 이지도를 모래 속으로 내던지고, 그녀를 껴안고 말에 올라타고 쏜살 같이 달렸지.

게오르크: 그런데, 막스! 자네 도대체 어쩔 작정으로—?

프라이부르크: 우선 들어봐, 친구여!

게오르크: 대체 어쩔 작정으로 이런 소동을 시작한 것이냐?

프라이부르크: 게오르크, 착하고도 이상한 친구여. 왜냐하면, 그것은 복수에 불탔던 이 가슴에 달콤한 꿀이기 때문이야. 허상뿐인 그런 여자가 올림포스 여신상인 체 점잔빼며 서 있도록, 우리와 우리 동료들의 교회를 비워두고 언제까지 가만히 놔둘 것인가? 차라리 붙잡아 쓰레기통에 거꾸로 던져 넣는 것이지. 그리하여 그녀에겐 신성한 것이 없다는 사실을 모두에게 드러내 보이는 거야.

게오르크: 그런데 자네는 왜 그리 심하게 그녀를 미워하는가? 말해 봐.

프라이부르크: 게오르크! 인간은 자신이 소유한 것을 전부 쓰레기통에 던져 넣기도 한다. 하지만 감정만은 그렇게 하지 않는다. 게오르크, 나는 그녀를 사랑했는데 퇴짜를 맞았다. 그녀는

그런 사랑을 받아줄 만큼 가치 있는 사람이 아니었다. 게오르크, 무슨 말이냐 하면 — 그저 그것을 생각만 해도 내 얼굴이 창백해지네. 게오르크, 게오르크, 더 이상 속임수가 없어서 곤란을 겪고 있는 악마들에게 가르쳐 주고 싶을 정도야. 수탉이 암탉을 이리저리 애타게 쫓은 결과가, 암탉이 나병에 걸려 있어서 아무런 재미도 보지 못한 기분이야.

게오르크: 너는 그녀에게 기사답지 못한 방법으로 복수를 하려는 게 아니지?

프라이부르크: 천만에. 하인의 손을 빌어서라도 그런 일은 하지 않아. — 나는 그녀를 슈타인 성의 라인 백에게로 데리고 돌아가, 거기서 그녀의 스카프만 벗기겠다. 그것이 내 복수의 전부야.

게오르크: 뭐! 스카프를 벗긴다고?

프라이부르크: 그렇다. 게오르크. 그리고 그곳의 사람들을 불러 모으겠다.

게오르크: 그런 일을 하고, 그 다음 너는 — ?

프라이부르크: 그렇게 해두고 나는 그녀에 대하여 철학적 강연을 하고, 그녀에 관해, 플라톤처럼, 형이상학적 명제를 세우겠네. 그러고 나서 그 명제를 증명하겠네. 저 유쾌한 디오게네스가 했던 것처럼. 에 —, 인간은 — . 기다려, 누가 왔다.

(그는 귀를 기울인다.)

게오르크: 인간은 — ? 그 다음은?

프라이부르크: 플라톤에 의하면, 인간은 다리가 두 개이고 깃털이 없는 동물이다. 그런데 너는 디오게네스가 어떻게 이것을 증명했는지 알지. 닭의 깃털을 뽑아 사람들 무리 속으로 던졌지. — 그런데 이 쿠니군데는, 친구여, 이 쿠니군데 폰 투르네크는, 내 생각엔 — 그런데 조용히! 분명히 저기 누가 왔다. 말에서 내린다.

제7장

슈트랄 백작, 기사 프람베르크 등장. 그 뒤에 곳샬크, 앞에 나온 사람들.

슈트랄 백작: (오두막 문을 노크하며) 여보시오. 착한 숯장수들!

프람베르크: 이런 밤에는 협곡에 사는 늑대들도 피난처를 찾을 것입니다.

슈트랄 백작: 들어가도 좋습니까?

프라이부르크: (그의 앞을 막아서며) 실례입니다만 여러분. 누구인지 모르지만 —

게오르크: 여러분은 여기서 묵을 수 없습니다.

슈트랄 백작: 묵을 수 없다고? 왜?

프라이부르크: 방이 없기 때문입니다. 여러분만 아니라, 우리도

밖에 있는 형편이기 때문입니다. 내 아내가 중병으로 누워 있습니다. 그녀와 하인들이 빈 방 하나를 차지했기 때문이죠. 여러분은 그런 그녀를 쫓아 내지 않겠지요.

슈트랄 백작: 맹세코 아닙니다! 오히려 부인이 그 안에서 빨리 회복하시기를 기원합니다 — 곳샬크!

프람베르크: 그럼 우리는 푸른 하늘 밑에서 노숙하는 수밖에 없습니다.

슈트랄 백작: 곳샬크, 들었느냐?

곳샬크: (밖에서) 예!

슈트랄 백작: 깔개를 갖고 와라! 이 나무 밑에 잠자리를 만들자.

(곳샬크와 숯 굽는 소년 등장.)

곳샬크: (깔개를 갖고 오며) 이 집에서 무슨 일이 벌어지고 있는지 아무도 모릅니다. 저 아이가 말하길, 안에는 무장한 남자가 재갈 물린 젊은 여자를 감시하고 있다고 했습니다. 그 여인은 마치 도살장에 끌려가는 송아지 같은 모습으로 누워 있다고 합니다.

슈트랄 백작: 뭐라고? 젊은 여자가? 입에 재갈이 물려 있다고? — 누가 그런 말을 했느냐?

프람베르크: 어이 젊은이! 너는 누구한테서 들었지?

숯 굽는 소년: (깜짝 놀라며) 쉿! 제발! 그렇게 큰 소리로 말하지 마세요. — 아저씨들은 대체 뭘 하고 있습니까?

슈트랄 백작: 이리 와!

숯 굽는 소년: 쉿! 말할 테니 목소리 좀 낮추세요.

프람베르크: 얘야, 누가 너에게 그런 말을 했니? 그걸 말해라.

숯 굽는 소년: (주변을 둘러보고 나서 은밀하게)

여러분, 제가 보았습니다. 제가 짚단 위에서 자고 있었는데, 그들이 그녀를 데리고 왔습니다. 그들은 그녀가 아프다는 말을 했습니다. 제가 등불을 그녀에게 비추었더니, 그녀는 아프지 않고, 뺨이 우리 집의 로레와 같았습니다. 그녀는 훌쩍훌쩍 울면서 내 손을 잡고 눈을 깜빡거렸습니다. 저는 영리한 개처럼 "나를 풀어 줘, 착한 애야! 풀어 줘!"라고 하는 그녀의 표정을 알아들었습니다. 저는 그것을 제 눈으로 들을 수 있었고 제 손가락으로 이해했습니다.

슈트랄 백작: 바보 같은 놈. 풀어 주었으면 좋았을 걸!

프람베르크: 바보 같은 놈, 왜 꾸물거리느냐? 뭐 하느냐?

슈트랄 백작: 그 부인의 끈을 풀어주고 데리고 와!

숯 굽는 소년: (머뭇거리면서) 쉿! ─ 제발 조용히 하세요.

당신들이 말 못하는 물고기로 변했으면 좋겠습니다! ─ 저기에 있는 그들 중 세 사람이 벌써 일어나 여기에 무슨 일이 있는지 알아보기 위해 이리로 오고 있습니다.

(등불을 불어 끈다.)

슈트랄 백작: 안심해라. 그들은 아무것도 듣지 못했다.

프람베르크: 그들은 우리가 한 이야기를 듣지 못했다.

슈트랄 백작: 그들은 비 때문에 자리를 옮기고 있어.

숯 굽는 소년: (주위를 둘러보며) 아저씨들이 저를 도와주실 겁니까?

슈트랄 백작: 그래, 도와주겠다. 내가 기사이니 명예를 걸고.

프람베르크: 너는 그것을 믿어도 좋다.

숯 굽는 소년: 좋습니다! 제 아버지께 그것을 말씀드려 보겠습니다. ― 잘 보세요. 제가 뭘 하는지 또 오두막에 들어가는지 들어가지 않는지를.

(소년은 무대 안의 불 옆에 서 있는 노인들과 무슨 말을 하고 오두막 안으로 사라진다.)

프람베르크: 그들은 참 이상한 사람들이죠? 짙은 어둠이라는 망토를 몸에 걸친 외도의 기사들입니다. 머리 묶는 끈을 이마 위에 얹고[4] 부부가 된 녀석들입니다.

슈트랄 백작: 그들이 아프다고 말했지?

프람베르크: 중병입니다. 어떤 도움도 사양했습니다.

곳샬크: 자, 기다려, 우리가 그들을 갈라놓겠다.

(사이)

샤우어만: (오두막 안에서) 어이! 이 짐승들아!

슈트랄 백작: 자, 프람베르크여, 일어나자!

---

4 교회에서 정식으로 결혼식을 하지 않고 길에서.

(모두 일어난다.)

프라이부르크: 뭐니? 어떻게 된 거야?

(성백의 일당들도 일어난다.)

샤우어만: 나는 묶여 있다! 나는 묶여 있다!

(쿠니군데 양이 나타난다.)

프라이부르크: 아이고! 이게 어찌 된 일이냐?

제8장

여행 복장을 한 쿠니군데 폰 투르네크 양이 머리를 흩트리고 있다.
— 앞에 나온 사람들.

쿠니군데: (슈트랄 백작 앞에 몸을 던진다.)

도와주소서! 누군지 모르지만. 여러 가지 수치를 당한 처녀를
보호해 주세요! 만약 죄 없는 자를 보호한다는 기사의 맹세에
어긋나지 않는 분들이라면. 여기에 죄 없는 자가 꿇어 엎드려
당신들의 보호를 기다리고 있습니다.

프라이부르크: 여러분, 저 여자를 끌고 가라!

게오르크: (프라이부르크를 만류하면서) 막스! 내 말 들어봐.

프라이부르크: 저 여자를 끌고 가라고 말했다. 말을 하지 못하게
해라!

슈트랄 백작: 멈추어라! 너희는 무엇을 원하느냐?

프라이부르크: 무엇을 원하느냐고?

　내 아내를 원한다. 제기랄! ― 자, 그녀를 붙잡아라!

쿠니군데: 네 아내라고? 이 거짓말쟁이야!

슈트랄 백작: (엄하게) 이 여자에게 손대지 마라!

　이 여인에게 요구할 게 있다면 그걸 내게 말해라!

　이 여인은 지금 내 사람이다.

　왜냐하면 내 보호를 받겠다고 몸을 맡겼기 때문이다.

　(그녀를 안아 일으킨다.)

프라이부르크: 대체 너는 누구냐? 방자한지고!

　왜 부부의 일에 끼어드느냐? 지금 너는 남편에게 아내를 넘겨
　주기를 거부하는데, 누가 너에게 그런 권리를 주었나?

쿠니군데: 아내라고? 이 악당아! 난 아내가 아니다!

슈트랄 백작: 그럼 너는 누구냐? 비열한자! 이 여인을 아내라고
　주장하는 저주받을 사람 ― 한 처녀를 아내라고 하다니, 지옥
　의 악마가 재갈과 끈으로 묶어 너에게 붙여주더냐? 이 음탕한
　처녀 유괴자야!

프라이부르크: 뭐 어째? 내가 유괴자라고?

게오르크: 막스, 제발 부탁한다!

슈트랄 백작: 너는 누구냐?

프라이부르크: 아니, 여러분은 크게 오해하고 있습니다.

슈트랄 백작: 누구냐고 묻고 있지 않나?

프라이부르크: 신사 여러분, 여러분의 생각엔 내가 —

슈트랄 백작: 등불을 갖고 와!

프라이부르크: 내가 데리고 온 저기 있는 저 여자는 —

슈트랄 백작: 빨리 등불을 갖고 와!

(곳샬크와 숯쟁이들, 횃불과 부젓가락을 들고 온다.)

프라이부르크: 나는 —

게오르크: (몰래) 너는 지금 미쳤다! 가자! 당장 저리 가자!

   아니면 네 기사의 문장을 영원히 더럽힐 작정이냐?

슈트랄 백작: 자, 착한 숯쟁이들, 이쪽을 비춰 줘!

(프라이부르크가 투구에 달린 얼굴가리개를 닫는다.)

슈트랄 백작: 자, 너는 누구냐? 얼굴가리개를 열어라.

프라이부르크: 여러분, 나는 —

슈트랄 백작: 얼굴가리개를 열어라!

프라이부르크: 자, 내 말을 들어라 —

슈트랄 백작: 이 경박한 녀석, 나에게 대답을 거부하고 아무런 벌

   도 받지 않은 채 도망갈 수 있다고 생각하느냐?

(머리에서 투구를 잡아채자 프라이부르크가 비틀거린다.)

샤우어만: 저 뻔뻔스런 녀석을 땅바닥에 내동댕이쳐라!

베츠라프: 자, 칼을 뽑아라!

프라이부르크: 무례한지고, 이게 무슨 짓이냐!

(그는 일어서서 칼을 뽑고 백작을 내리친다. 백작이 피한다.)

슈트랄 백작: 자, 이 칼을 받아라, 이 가짜 신랑아!

(그를 내리쳐 넘어뜨린다.)

자, 너의 옛 보금자리인 지옥으로 돌아가 거기서 신혼여행을 즐겨라!

베츠라프: 무섭다! 보라! 주인님이 휘청거리네. 비틀거리네. 넘어 졌다!

프람베르크: (앞으로 나오며)

자, 지금이다, 친구들아!

샤우어만: 떠나자! 도망치자!

프람베르크: 엉겨 붙어라!

저 놈들을 철저히 겁을 주어 쫓아 버려라!

(성백 일당은 도망간다. 게오르크 혼자 남아서 성백을 간호하고 있다.)

슈트랄 백작: (성백에게)

프라이부르크였구나. 오, 하느님! 이게 어찌된 일이냐?

바로 너였니?

쿠니군데: (소리를 낮추어서)

은혜를 모르는 지옥의 개들!

슈트랄 백작: 이 여자는 너에게 어떤 사람인가? 불행한 친구여!

그녀를 어쩔 셈이었나?

게오르크: — 그는 말을 하지 못합니다.

정수리에서 피가 흘러 입안에 가득 찼습니다.

쿠니군데: 그대로 질식하게 내버려둬!

슈트랄 백작: 나는 꿈을 꾸고 있는 것 같다!

　그와 같이 평소에 착하고 선량한 사람이! ―

　모두들, 그를 도와주세요!

프람베르크: 자, 꼭 붙들어! 그리고 저기 저 오두막 안으로 옮겨라!

쿠니군데: 묘지로 옮기세요! 삽을 갖고 오세요! 묻어버려요!

슈트랄 백작: 진정하세요! ―

　그는 저기에 누워 있으니 묻히지 않더라도 당신을 해치지 못
할 것입니다.

쿠니군데: 아, 물 좀 주세요!

슈트랄 백작: 당신 어디가 아파요?

쿠니군데: 아닙니다. 아무 데도 아프지 않습니다. ― 누가 좀 도
와주세요! 여기 앉을 자리가 없나? ― 아, 쓰러질 것 같다. ―
(그녀는 비틀거린다.)

슈트랄 백작: 이게 어떻게 된 거야? 아, 곳샬크여! 도와 줘!

곳샬크: 횃불을 이리 주세요!

쿠니군데: 제발 가만 놔두세요. 가만 놔두세요!

슈트랄 백작: (그녀를 걸상으로 데려가 앉히며)

　이제 괜찮아요?

쿠니군데: 등불이 흐릿하게 다시 보입니다. ―

슈트랄 백작: 그렇게 갑자기? 도대체 뭐가 발작했나요?

쿠니군데: 오, 저를 구해주신 친절하신 분이시여.

저를 노리던 이 끔찍하고 잔인한 행위를 어떻게 말씀드려야 좋을까요?

당신이 안 계셨더라면, ― 그것만 생각하면, 머리카락이 거꾸로 치솟고 사지가 얼어붙습니다.

슈트랄 백작: 당신은 누구십니까? 말하세요! 어떻게 그런 일이 당신에게 일어났지요?

쿠니군데: 아, 지금 당신에게 그것을 밝히니 얼마나 기쁜지 모르겠어요!

당신 팔이 행한 구조는 결코 품위 없는 여자를 위한 게 아닙니다. 저는, 당신도 아시는, 투르네크의 남작 부인 쿠니군데입니다.

당신의 손에 구조된 이 달콤한 생명에 대해서는 저뿐만 아니라 투르네크 일족이 감사하며 당신에게 보답할 것입니다.

슈트랄 백작: 당신이 ― ? 그럴 리가 있을까? ― 쿠니군데 폰 투르네크라고? ―

쿠니군데: 예, 그렇습니다. 왜 그렇게 깜짝 놀라십니까?

슈트랄 백작: (일어서며)

그렇다면 정말 유감이군.

당신은 여우를 피하려다 범을 만난 격이다.

나는 슈트랄 백작이고, 프리드리히 베터이다.

쿠니군데: 뭐라고요? 당신의 이름이? — 저를 구해주신 당신의
이름이? —

슈트랄 백작: 그렇소, 들은 바와 같이 프리드리히 슈트랄이오. 더
좋은 이름을 들려주지 못해 유감이군요.

쿠니군데: (일어서며)

아, 주여! 제 마음을 시험하십니까?

곳샬크: (은밀하게)

투르네크라니? 잘못 듣지 않았나?

프람베르크: (깜짝 놀라며) 아, 그렇다! 틀림없이 그녀다!

(사이)

쿠니군데: 좋습니다. 이 가슴에 타오른 감사의 불길을 끌 수 있는
것은 아무것도 없습니다.

몸의 순결, 명예, 생명 — 이곳에 누워 있는 이리에게서 보호
를 받은 것 — 그 이외에는 아무것도 생각하지 않겠습니다.
그것만을 몸으로 느끼려고 합니다. —

(숯 굽는 소년에게)

이리 와, 나를 구해준 건강한 소년. 자, 이 반지를 받아라.
지금 이것이 너에게 줄 수 있는 전부다. 다음에 보답을 하겠
다. 묶인 나를 풀어준 용감한 행동, 굴욕에서 나를 구해, 이 같
이 행복하게 해 준 행동에 더 잘 어울리게 보답해주마!

(백작을 향해)

저의 지배자인 당신에게는, ― 제가 소유한 것은 전부 당신의 것입니다! 말씀해 주세요! 당신의 결심은 무엇입니까? 당신 마음대로 하세요. 어떻게 하시겠습니까? 당신의 성으로 따라 갈까요?

슈트랄 백작: (당황하여)

아가씨, ― 여기서 그다지 멀지 않습니다.

말에 올라타면 이 밤을 내 어머니, 백작 부인 집에서 보낼 수 있어요.

쿠니군데: 그럼 제발 말을 준비해 주세요!

슈트랄 백작: (사이를 두고)

용서해 주십시오.

지금 우리가 처한 상황은 ―

쿠니군데: 아닙니다, 그런 말을 하지 마세요! 제발, 부탁합니다! 저를 부끄럽게 하지 마세요!

저는 당신의 [성에 있는 지하] 감옥으로도 기쁘게 갈 것입니다.

슈트랄 백작: 내 [성에 있는 지하] 감옥이라니요! 무슨 말을 하는 겁 니까? 당신 생각으로는 ― ?

쿠니군데: (그의 말을 가로막으며)

아닙니다. 당신의 관대한 마음으로 저를 바닥에 엎드리게 하 지 마십시오!

그럼 당신 손을 주십시오!

슈트랄 백작: 자, 횃불을! 앞을 비추어라!

(퇴장)

제9장

장면: 베터 슈트랄 성의 방.

쿠니군데가 낭만적인 복장을 반 정도 걸치고 등장하여 화장대 앞에 앉는다.

그녀 뒤에 시녀 로잘리에와 늙은 하녀 브리기테.

로잘리에: (브리기테에게) 자, 아주머니, 여기에 앉으세요. 슈트랄
백작님이 이곳에 오시겠다는 말을 아가씨에게 전했습니다.
내가 아가씨의 머리 손질을 끝내면, 아가씨는 아주머니의 이
야기를 듣겠다고 합니다.

브리기테: (자리에 앉으며) 그런데 당신이 쿠니군데 폰 투르네크
입니까?

쿠니군데: 그렇습니다. 아주머니, 제가 쿠니군데입니다.

브리기테: 황제의 따님입니까?

쿠니군데: 황제의 — ? 아닙니다. 누가 당신에게 그런 말을 했습
니까?
현재 살아 계시는 황제는 저의 친척이 아닙니다. 저는 먼 옛

날 독일 제국을 통치하셨던 어느 황제의 증손녀입니다.

브리기테: 아, 신이여! 이럴 수가 있나? 황제의 증손녀라니! ―

쿠니군데: 그래요, 맞아요!

로잘리에: 저도 그렇다고 말씀드리지 않았던가요?

브리기테: 그렇다면, 정말이지 나는 이제 안심하고 눈을 감을 수 있게 되었구나.

슈트랄 백작의 꿈이 실현되었다.

쿠니군데: 무슨 꿈인데요?

로잘리에: 자, 들어보세요. 정말 이상한 이야기입니다. ― 그러나 아주머니, 간단히 하세요. ― 서론은 생략하세요. 조금 전에 말씀드린 대로 시간이 없으니까요.

브리기테: 재작년 말의 일입니다. 어쩐 일인지, 백작은 이상하게도 우울증에 빠졌습니다. 아무도 그 원인에 대해 알지 못했습니다. 그리하여 끝내 열이 나고 녹초가 되어 침상에 드러누워, 불같은 얼굴을 하고 꿈만 꾸었습니다. 의사들은 온갖 수단을 다 써도 구할 수 없다고 말했습니다. 백작의 가슴속에 있는 일이 모두 열로 나타나 입으로 나왔습니다. 그는 저 세상으로 가면 기쁘겠다고 하면서 이렇게 중얼거렸습니다. 나를 사랑할 수 있는 아가씨는 이 세상에 없다. 사랑이 없으면 생명은 죽음이다. 이 세상은 무덤이다. 무덤은 나의 요람이다. 거기에서 나의 새 생명이 열린다. 등등 ― 그 사이 백작의 어머

님은 사흘간 계속 그의 침상 곁에서 떨어지지 않았습니다. 그 사흘째 저녁에 백작은 어머님에게 천사의 모습이 나타나, "믿어라. 믿어라. 믿어라."라고 명령했다고 말했습니다. 그러자, 너는 그 천사의 말을 듣고 원기가 났느냐는 어머님의 질문에 "원기요? 아닙니다."라는 말을 하였고, 또 탄식하며 "그러나 어머니, 전 그 아가씨를 만나지 않으면 안 됩니다."라고 덧붙였습니다. "그래서 네가 그 여자를 만나겠다고" 하고 어머님께서 묻자, "예, 그래야만 합니다."라고 대답했습니다. "언제?" — "섣달 그믐날 밤, 정확히 새해가 열리는 시각에 천사가 저를 그녀가 있는 곳으로 데려갈 것입니다." — "누가? 너, 도대체 누구에게 데려간단 말이니?"라고 어머님께서 물었습니다. "천사가 — 제 아가씨에게로 말입니다."라고 말하고는 몸을 돌리더니 잠이 드셨습니다.

쿠니군데: 쓸데없는 소리!

로잘리에: 자, 계속 들어보세요. — 그래서?

브리기테: 그리하여 섣달 그믐날 밤이었습니다. 마침 새해로 바뀌려 할 시각에, 그가 침대에서 몸을 일으켜 환영이라도 본 것처럼 방 안을 응시하고는, "어머니, 어머니, 어머니" 하고 손가락으로 가리키면서 말했습니다. "왜 그러니?" 하고 마님께서 묻자, "저기에! 저기에." — "어디에?" — "빨리 갖다 주세요!" — "무엇을?" — "내 투구, 갑옷, 검을요." — "어디로

갈 작정이니?"고 마님께서 묻습니다. "저 아가씨에게로, 저 아가씨에게로, 그래요, 그래요, 그래요!"라고 그는 대답하고 다시 드러눕습니다. "안녕, 어머니, 안녕!" 하면서 죽은 듯이 사지를 쫙 뻗고 누워 있었습니다.

쿠니군데: 죽어 버렸어요?

로잘리에: 예, 죽었어요.

쿠니군데: 죽은 것과 같다는 말이지요?

로잘리에: 죽어버렸다고 말했습니다! 방해하지 말고 들어보세요. — 자, 계속하세요.

브리기테: 모두들 그의 가슴에 귀를 대어 보았으나, 텅 빈 방처럼 아무런 소리도 없었습니다. 숨을 쉬는가 보기 위해 입 쪽에 갖다 놓은 깃털도 전혀 움직이지 않았습니다. 의사도, 이미 영혼이 떠나버렸다고 말했습니다. 있는 힘을 다해 그의 귀에 대고 이름을 부르기도 하고, 정신 차리게 하는 향료를 뿌리기도 하고, 침과 바늘로 찌르기도 하고, 피가 나도록 머리카락을 뽑기도 했으나, 모두 허사였습니다. 백작께선 조금도 움직이지 않고 죽은 듯이 누워 있었습니다.

쿠니군데: 그런데? 그 다음은?

브리기테: 그러고 나서 잠시 그대로 있었습니다. 갑자기 그가 벌떡 일어났습니다. 그리고 아주 실망한 모습으로 벽을 향해 말했습니다. "아, 그들이 등불을 들고 온다! 아, 그녀의 모습이

사라져버렸다!" — 마치 그 능불의 빛에 겁먹은 듯한 말투였습니다. — 그리고 마님이 몸을 구부리고 그를 안아서 "프리드리히야, 너 어디 갔었느냐?"라고 묻자, "그녀한테로, 저를 사랑해주는 그녀한테로"라고 대답했습니다. "하늘이 정해주신 신부한테로 갔습니다. 자, 어머니, 즉시 교회로 가셔서 저를 위해 기도해 주세요. 저는 계속 살고 싶습니다."

쿠니군데: 그런데 정말 그렇게 호전되었는가?

로잘리에: 전적으로 기적입니다.

브리기테: 아, 아가씨, 실제로 호전되었습니다. 마치 신의 묘약을 받은 듯이, 그 시간부터 다시 힘을 얻었고, 그리고 새 달이 되기 전에 그전처럼 깨끗이 나았습니다.

쿠니군데: 그리고 — 그 꿈 이야기를 했나요? 무슨 이야기를 했나요?

브리기테: 아, 이야기했습니다. 끝도 없이 이야기했습니다. 천사가 백작의 손을 잡고 어둠 속으로 데려갔던 일이랑, 그리고 천사가 조용히 아가씨의 침실 문을 열어주고 자신의 빛으로 방 한가운데를 밝혀가면서 아가씨에게로 다가갔던 일이랑, 또 내의 하나만을 입고 그곳에서 자는 사랑스런 아가씨가 크게 눈을 떠서, 백작님을 보고, 깜짝 놀라 소리를 치며 "마리아네"라고 불렀던 일이랑, — 마리아네라는 여자는 옆방에서 자고 있던 누군가임에 틀림없습니다. — 그러고 나서 그 아가씨

는 기쁜 나머지 얼굴을 붉히면서, 침대에서 내려와 백작님 앞에 무릎 꿇고 머리를 숙이고, "고귀한 분이여!"라며 속삭였던 일이랑, 그리고 천사들이 백작에게 이 여자는 황제의 딸이다, 라고 이야기하고, 그 아이의 목에 있는 붉은 반점을 보여준 일이랑, — 또 백작이 환희에 떨며, 아가씨의 턱에 손을 대고, 얼굴을 보려했던 일, 조금 전에 불렀던 마리아네라는 하녀가 등불을 들고 나타나자, 모든 환영이 완전히 사라져 버렸다고 하는 등등 모든 일을 남김없이 이야기했습니다.

쿠니군데: 그런데 아주머니께서는 그 황제의 딸이 나라고 생각합니까?

브리기테: 다른 누구이겠습니까?

로잘리에: 저도 동의합니다.

브리기테: 슈트랄 성의 사람들은, 당신이 성안으로 들어왔을 때 당신의 이름을 듣고, 크게 기뻐하며, 이 사람이 백작께서 꿈에 본 여인이다, 라고 소리쳤습니다.

로잘리에: 종소리도 그렇다! 그렇다! 하며 크게 울렸습니다.

쿠니군데: (일어서면서) 아주머니, 이야기해 주셔서 감사드립니다. 이 귀걸이를 기념으로 받아 주세요. 그럼 이만 물러가세요.

(브리기테 퇴장)

제10장

쿠니군데와 로잘리에

쿠니군데: (거울을 보고 나서 아무 생각 없이 창가로 가 창문을 연다. — 사이를 두고)

로잘리에, 백작님에게 드릴 물건을 모두 정돈해 두었니? 기록, 편지, 증서도?

로잘리에: (테이블 뒤에 서서) 여기 있습니다.

이 봉투에 함께 넣어 두었습니다.

쿠니군데: 그럼 이리 줘!

(그렇게 말하면서 창밖에 있던 끈끈이 가지를 집는다.)

로잘리에: 무엇을요? 아가씨?

쿠니군데: (활기 찬 소리로) 보아라, 얘야!

이것은 새의 발자국이 아닌가?

로잘리에: (그녀에게 다가가며)

거기에 무엇이 있습니까?

쿠니군데: 끈끈이 가지. 누가 세워두었는지 창가에 있네. — 보라, 이것은 새가 붙었던 것이 아닌가?

로잘리에: 그렇습니다. 새의 발자국입니다. 무슨 새일까? 검은방울새인가요?

쿠니군데: 나는 아침부터 모이를 주며 피리새를 유혹했지만 허탕
  쳤어.

로잘리에: 이 깃털을 보세요. 이렇게 붙어 있어요.

쿠니군데: (생각에 잠기면서)

  이리 줘! ―

로잘리에: 무엇을요? 아가씨, 이 서류요?

쿠니군데: (웃고서 그녀를 때린다.)

  이 바보, 저기 있는 새 모이 말이다.

  (로잘리에가 웃으며 가서 새에게 줄 모이를 가지고 온다.)

제11장

한 하인 등장. 앞에 나온 사람들

하인: 베터 폰 슈트랄 백작님과 자당(慈堂)이신 백작 부인이 오십
  니다!

쿠니군데: (손에 쥔 것을 모두 던지며)

  빨리! 빨리! 모두 치워라!

로잘리에: 지금, 당장 하죠!

  (화장대를 닫고 나간다.)

쿠니군데: (하인에게) 환영한다는 말을 전해라.

제12장

백작 부인 헬레나[슈트랄 백작의 어머니], 슈트랄 백작 등장. 쿠니군데.

쿠니군데: (두 사람을 향해서)

존경하옵는 제 구원자의 어머니,

이렇게 저를 찾아주셔서 기쁘고, 귀한 손에 입맞춤을 허락해 주신 데 대해

누구에게, 또 어떤 운명에 감사드려야 할지 모르겠습니다.

백작 부인: 아가씨, 그 말은 나를 무안하게 합니다.

나는 지금 아가씨의 이마에 입을 맞추고, 우리 집에서 잘 지내고 있는지를 물으러 왔어요.

쿠니군데: 진실로 따뜻한 대우였습니다. 무엇 하나 불편한 것은 없었습니다.

이 같은 친절을 받을 자격이 없는 저를, 부인께서는 마치 딸처럼 보살펴 주셨습니다.

제 마음의 평화를 방해하는 게 있었다면 그것은 당신의 배려에 부끄러워하는 감정이었습니다.

하지만 제 가슴속의 싸움을 진정시키는 데는 그리 긴 시간이 걸리지 않습니다. ―

(백작을 향해서)

당신 왼손의 상처는 어떻습니까, 프리드리히 백작님?

슈트랄 백작: 내 손? 아가씨, 그 물음은 상처보다 더 고통을 줍니다!
　　이 상처는 당신을 말에서 내려 줄 때 부주의로 말안장에 부딪
　　혔던 것이니까요.

백작 부인: 손에 상처를 입었니? — 나는 금시초문이다.

쿠니군데: 우리가 이 성에 도착할 때, 손에서 붉은 피가 뚝뚝 흐
　　르고 있었습니다.

슈트랄 백작: 보시는 바와 같이, 손은 이미 그것을 잊어 버렸습니다.
　　내가 당신을 위해 저 프라이부르크와 싸울 때 피를 흘렸다면,
　　정말이지, 당신을 팔아넘긴 값으로 프라이부르크에게 준 돈
　　은 작다고 말할 수 있어요.

쿠니군데: 당신은 피의 가치를 그렇게 낮게 생각하십니다. — 저
　　는 그렇게 생각하지 않습니다!

　　(백작 부인을 향해)

　　— 그런데? 부인, 자리에 앉지 않으시겠습니까?

　　(그녀는 의자 하나를 갖고 온다. 백작은 다른 두 개의 의자를 갖고 온
　　다. 일동 앉는다.)

백작 부인: 아가씨, 장래에 대해 무슨 생각을 하시나요?
　　운명적으로 처한 이 상황을 잘 생각해 보았나요?
　　그 운명에 어떻게 대응할 생각입니까?

쿠니군데: (감동하여) 존경스럽고 고상하신 부인,
　　제게 주어진 남은 날들을, 제 가슴의 최후의 숨이 다할 때까

지, 제 몸에 최근 일어난 일을 잠시도 잊지 않고, 당신과 당신의 가문에 대해 끝없는 존경과 감사의 마음을 간직하면서, 허락해 주신다면, 투르네크의 일족 곁에서 지내려고 계획하고 있습니다.

(그녀는 운다.)

백작 부인: 언제 당신 일족 곁으로 돌아가려고 합니까?

쿠니군데: 가능하다면, ─ 백모들이 기다리고 있기 때문에, ─ 내일 ─ 아니면 늦어도 2~3일 이내에 출발하고 싶습니다.

백작 부인: 떠나는 데에 방해가 되는 게 있나요?

쿠니군데: 부인, 아무것도 없습니다. 제 마음을 완전히 털어놓게 허락해 주신다면.

(그녀는 백작 부인의 손에 키스하고, 일어서서 서류를 갖고 온다.)

이것을 받아 주십시오. 슈트랄 백작님.

슈트랄 백작: (일어서며)

아가씨, 이게 뭡니까?

쿠니군데: 슈타우펜 영토의 당신 지배권을 둘러싼 분쟁에 관한 기록이고, 제 주장의 근거가 되는 서류입니다.

슈트랄 백작: 아가씨, 아가씨의 말이 정말 나를 부끄럽게 하는군요. 이 문서가, 아가씨가 믿고 있는 것처럼, 정당한 권리에 근거한다면, 나는 아가씨에게 양보하겠어요. 예컨대 내 소유의 마지막 오두막이라고 해도!

쿠니군데: 자, 받아 주세요. 백작님. 서류에 애매모호한 점이 있다
　　는 것은 저도 알고 있습니다.

　　또 이 서류에 의해서 정당화된 재매입(再買入)할 권리도, 오랜
　　세월이 지나 그 효력을 잃었습니다.

　　그렇지만 제 권리가 태양처럼 명료하더라도,

　　저는 당신에게 그것에 대해 더 이상 주장할 수 없습니다.

슈트랄 백작: 안 됩니다, 절대로 안 됩니다! 아가씨, 그건 못 받습
　　니다! ―

　　아가씨가 평화를 내게 선물로 준다면, 나는 그건 정말 기쁘게
　　받겠어요.

　　그러나 슈타우펜령(領)의 권리를 아가씨가 조금이라도 의심
　　하고 있다면,

　　그것을 증명하는 그 서류를 나로서는 결코 받지 않겠어요.

　　아가씨, 황제와 제국에 소송을 제기하세요.

　　그리고 법에 따라 누가 잘못 했는지 판단하게 하세요.

쿠니군데: (백작 부인에게)

　　그럼 존경하는 부인, 당신이 이 귀찮은 서류에서 저를 해방시
　　켜 주세요.

　　이건 쥐고 있는 제 손을 뜨겁게 합니다,

　　이건 제 가슴의 격앙된 감정에 불쾌한 잡음을 줄 뿐이고,

　　제가 아흔 살까지 산다고 하더라도 넓은 세상에서는 더 이상

도움이 안 됩니다.

백작 부인: (똑같이 일어서며)

사랑하는 아가씨! 아가씨의 감사하는 마음이 너무 나간 것입니다.

일족 전체의 소유를, 일시적인 감동 때문에 경솔하게 넘겨주어서는 안 됩니다.

내 아들의 제의를 받아들여서 베츠라르에 있는 제국대법원에서 그 서류를 조사하게 하세요. 그곳에서 어떤 결정이 내려지더라도 아가씨는 우리에게 소중한 분으로 남을 것입니다.

쿠니군데: (크게 감동하여)

사실, 이 권리는 저의 소유입니다.

친척들에게 물을 필요는 없습니다.

또 미래의 제 자식에게는 저의 이 마음을 유산으로 물려주겠습니다!

베츠라르의 [법원에 계신] 귀한 분들을 번거롭게 하지 않겠습니다.

자제할 수 없는 제 마음이 지금 이렇게 결정합니다!

(그녀는 서류를 찢어 던진다.)

백작 부인: 자, 분별없는 사랑스런 나의 아가씨,

왜 이런 짓을 해요? — 그러나 지나간 일이요.

이리 와요. 자, 입을 맞추겠어요.

(그녀를 껴안는다.)

쿠니군데: 제 가슴에 타오른 이 감정이 더 번지지 않게 되길 바랍니다!

저와 제 생명의 은인 사이에 있는 벽을 부수고 싶습니다!

일생을 방해받지 않고 그를 칭찬하며 사랑하고 싶습니다.

백작 부인: (감동하여)

좋아요. 좋아요. 사랑스런 내 딸 [같은 이]. 괜찮아요.

아가씨는 지나치게 감동했어요.

슈트랄 백작: — 아가씨가 이 행위를 후회하지 않기를 바라요.

(사이)

쿠니군데: (눈물을 닦으면서)

그럼 언제 투르네크로 돌아가도 됩니까?

백작 부인: 지금이라도, 아가씨가 원하면! 내 아들이 데려갈 거요!

쿠니군데: 좋습니다, 그럼 내일이요!

백작 부인: 원하는 대로 하세요,

내 곁에 더 오래 있게 하고 싶지만요.

그런데 오늘 저녁 식사에는 꼭 와주시겠지요?

쿠니군데: (머리 숙여 절을 하고)

제 기분이 진정된다면 기꺼이 가겠습니다.

(퇴장)

제13장

백작 부인 헬레나. 슈트랄 백작.

슈트랄 백작: 제가 맹세코 말씀드립니다. 그녀를 아내로 맞이하려 합니다!

백작 부인: 어머, 어머, 어머나!

슈트랄 백작: 뭐, 안 된다고요?

어머니는, 제가 아내를 고르기를 원하시면서,

저 사람은, 저 사람은 왜 안 된다는 것입니까?

백작 부인: 넌 무엇을 원하니?

나는 그녀가 내 마음에 안 든다고 말하지 않았다.

슈트랄 백작: 저도 오늘 당장 결혼한다고 말씀드리지 않았습니다.

— 그녀는 옛 작센 황제의 혈통입니다.

백작 부인: 섣달 그믐날 밤 꿈에 본 여인이 그녀라는 말이지? 그런 말 아닌가?

슈트랄 백작: 솔직히 말씀드리면, 그렇습니다!

백작 부인: 그럼 좀 더 깊이 생각해 보자.

(퇴장)

제3막

장면 : 산중. 산림 어느 수도원.

제1장

테오발트와 케트헨의 약혼자인 곳프리트 프리데보른이
케트헨을 데리고 바위를 내려온다.

테오발트: 케트헨, 조심해. 길이 갈라져 있으니까. 발을 이끼가 조
금 낀 이 바위 위에 얹어라. 장미라도 피어 있는 곳이 있으면
너에게 말해 주겠다. ─ 그렇다. 저기다.

곳프리트: 케트헨, 너는 오늘 이 여행의 목적을 하느님께 말씀드
리지 않았지? ─ 성모 마리아 상이 서 있는 교차로에 닿으면,
키가 크고 하얀 날개가 달린 젊은 천사 둘이 나타나 이렇게 말
을 할 것으로 나는 믿었다. "테오발트! 곳프리트! 당신들은 왔
던 곳으로 안녕히 돌아가시오! 이제부터는 우리가 케트헨을
하느님에게 가는 길로 데려가겠어요." ─ 그러나 천사들은 오
지 않았고 드디어 우리 모두 함께 이 수도원까지 오게 되었네.

테오발트: 떡갈나무들이 여기저기에 있고 너무 고요하여, 딱따구
리가 나무를 쪼는 소리만이 들린다. 떡갈나무도 케트헨이 온

것을 알고, 그녀의 가슴이 생각하는 것에 귀를 기울이는 것이 틀림없다. 나도 그것을 들을 수 있도록 자연 속으로 돌아가고 싶다. 하프 소리도 그녀의 감정보다 더 아름다울 수 없다. 옛날 이스라엘 사람들도 다비드의 하프보다 이 음악에 더 황홀해져 새로운 찬미가를 불렀다고 한다. — 사랑스런 케트헨.

케트헨: 아버지!

테오발트: 한마디 해라.

케트헨: 벌써 도착했습니까?

테오발트: 도착했다. 저 바위 사이로 탑이 보이는구나. 저 멋있게 보이는 건물에서 신심 깊은 아우구스틴 종파의 수도자들이 조용히 생활하고 있단다. 이곳은 수도자들이 기도하는 곳이다.

케트헨: 저는 아주 피곤합니다.

테오발트: 그럼 잠시 앉아 쉬자. 자, 손을 줘! 내가 붙잡아 줄게. 울타리 앞에 좋은 장소가 있는데 잔디가 잘 자라 있다. 보라, 이곳은 내가 본 중에서 가장 좋은 장소다.

(일동 앉는다.)

곳프리트: 기분은 어떤가?

케트헨: 아주 좋습니다.

테오발트: 그런데 너는 창백해 보이고, 너의 이마엔 땀이 잔뜩 맺혔는데?

(사이)

곳프리트: 어제까지 너는 원기가 넘쳐 산이나 들판을 몇 리라도 정정하게 걸어 다닐 수 있었지. 돌을 침대로, 어깨에 멘 봇짐을 베개 삼아 피로를 이겨냈다. — 그런데 오늘은 힘이 다하여, 왕후가 자는 침대라도 너를 다시 회복시킬 수 없을 것처럼 보인다.

테오발트: 얘야, 뭐 좀 먹지 않겠니?

곳프리트: 물을 한 잔 떠다 줄까?

테오발트: 혹은 과일이라도 구해올까?

곳프리트: 자, 케트헨 말해 봐!

케트헨: 아버지, 저는 괜찮습니다.

테오발트: 우리의 제안을 거절하느냐?

곳프리트: 너는 뭐든 거절하는 거냐?

테오발트: 너는 내 말이 끝나기만을 바라는구나. 나의 옛 친구인 수도원장 하토에게 가서, 늙은 테오발트가 외동딸을 여기에 묻으려 한다고 말하라는 것이지?

케트헨: 아버지!

테오발트: 좋다, 좋아. 그렇게 하지. 그러나 이미 돌이킬 수 없는 일을 하기 전에, 한 번 더 너에게 이야기해 둔다. 실은 길을 걸어오면서 곳프리트와 둘이서 생각한 일이다. 그래서 어떻게 해서든 이 일은, 원장님을 만나기 전에, 결정하지 않으면 안 된다. — 너는 그것을 듣고 싶니?

케트헨: 제발 부탁합니다!

테오발트: 좋다. 이야기하는 것을 잘 듣고 네 마음을 결정해라!
— 너는 저 적적한 소나무 산중에 있는 우어줄라 수도원에 들
어가려고 한다. 즐거운 인생의 무대인 이 세상과는 아무 미련
도 없다고 했다. 은둔하면서 경건하게 바라보는 하느님의 얼
굴은 너에겐 아버지, 남편, 아이, 사랑스런 미래의 손자 키스
를 대신할 것이다.

케트헨: 예, 아버지.

테오발트: (잠시 사이를 두고) 어떤가? 너, 아직 날씨가 좋은데 성
으로 돌아가, 2-3주 동안 다시 생각해 보지 않겠니?

케트헨: 어떻게 하라고요?

테오발트: 내 말은, 저 슈트랄 성으로 다시 돌아가라는 것이다.
검은방울새가 라일락 나무 밑에 둥지를 지어 살고 있고, 너도
알다시피, 바위산 중턱에 있어서 햇빛을 받아 번쩍이며 그 일
대를 내려다보고 있는 성이다.

케트헨: 안 됩니다. 아버지!

테오발트: 왜 안 되지?

케트헨: 주인이신 백작님이 허락하지 않았기 때문입니다.

테오발트: 돌아오지 말라고 했다고? 좋다. 하지 말라고 하는 것을
네가 해서는 안 돼. 그러나 내가 가서 백작님에게 그것을 허
락해 달라고 요청하겠다.

케트헨: 뭐라고요? 무슨 말씀을 하시는 겁니까?

테오발트: 내가 요청한다고. 네가 그렇게도 있고 싶어 하는 장소에 있게 해달라고 말이다. 그리고 너에게 필요로 하는 물건을 내가 갖다 줄 수 있는 자유를 달라고 요청하겠다.

케트헨: 안 됩니다. 안 돼요. 아버지.

테오발트: 왜 안 되지?

케트헨: (담담하여) 아버지는 그 일을 하지 않으실 겁니다. 그리고 아버지께서 그 일을 하셔도 백작님은 허락하지 않을 것입니다. 그리고 백작님이 허락하시더라도, 제가 그의 허락을 받아들이지 않을 것입니다.

테오발트: 케트헨! 사랑하는 케트헨! 나는 그렇게 하겠다. 지금 너 앞에서 하듯이 백작님 앞에서 무릎 꿇고 이렇게 말씀드리겠다. "백작님, 제발 딸을 당신 성의 푸른 하늘 밑에라도 살게 해 주세요. 백작께서 외출할 때에는 화살이 닿을 만한 거리에서 따라갈 수 있도록 허락해 주십시오. 그리고 밤이 되면 당신 말들에게 깔아주는 짚단 위에서라도 자게 해주세요. — 그 아이가 상심하여 죽는 것보다는 이 방법이 낫겠습니다."

케트헨: (그녀도 아버지 앞에 무릎을 꿇고) 오, 높은 곳에 계신 하느님! 아버지는 제 결심을 부수어 버립니다! 아버지 말씀은 칼처럼 제 가슴을 푹 찌릅니다. 저는 수도원으로는 가지 않겠습니다. 아버지와 함께 하일브론으로 돌아가겠습니다. 저는 그

백작을 잊고 아버지께서 원하시는 사람과 결혼하겠습니다.

깊고 깊은 묘지가 저의 신방의 침대일지라도 말입니다.

테오발트: (일어서서, 그녀를 안아 세우며) 너 나에게 화났니, 케트헨?

케트헨: 아닙니다. 아닙니다. 아버지. 어떻게 그런 말씀을 하십니까?

테오발트: 자, 수도원으로 함께 갈까?

케트헨: 아닙니다. 절대로 안 갑니다! 슈트랄 성으로도 수도원으로도 가지 않겠습니다! ―

오늘밤만 원장님께 부탁하여 방을 빌려서 쉬고 원기를 회복하게 해 주세요.

날이 밝고, 아버지께서도 괜찮으시면, 함께 집으로 돌아가시죠.

(그녀는 운다.)

곳프리트: 뭐 하십니까?

테오발트: 아, 내가 딸의 기분을 상하게 했구나!

곳프리트: (문의 벨을 누르며) 하토 원장님 계십니까?

문지기: (문을 열고) 예수 그리스도를 찬양하소서!

테오발트: 영원히, 아멘!

곳프리트: 아마 케트헨도 생각을 바꿀 겁니다.

테오발트: 자, 이리 와 케트헨!

(모두 퇴장)

제2장

장면 : 어느 여관

라인 백(伯) 폰 슈타인, 프리드리히 폰 헤른슈타트 등장.

그 뒤를 따라 여관 주인 야콥 페히와 병사들 등장.

라인 백: (병사들에게) 말안장을 풀어라! 숙소에서 300보 떨어진 곳에 빙 둘러 보초를 세우고

들어오는 사람은 들여보내되, 아무도 내보내지 마라!

말들에게 먹이를 먹이고 마구간에서 머물고 있어라. 가능하면 다른 사람의 눈에 띄지 않도록 해라. 다른 명령은 에긴하르트가 투르네크에서 정보를 갖고 돌아오면 내리겠다.

(병사들 물러난다.)

이 집에는 누가 살고 있나?

야콥 페히: 제발 자비를 베풀어 주시기를. 높은 양반. 저와 제 아내가 삽니다.

라인 백: 여기에는?

야콥 페히: 가축들이.

라인 백: 뭐?

야콥 페히: 가축들입니다. ― 새끼 딸린 암돼지입니다. 제발 자비를 베풀어 주십시오. 밖으로 내어 지은 돼지우리입니다.

라인 백: 좋다. ― 이곳에는 누가 사느냐?

야콥 페히: 어디 말씀입니까?

라인 백: 이 세 번째 문 뒤에?

야콥 페히: 거기에는 아무도 살지 않습니다. 자비를 베풀어 주십시오.

라인 백: 아무도 살고 있지 않느냐?

야콥 페히: 예, 아무도 살고 있지 않습니다. 지엄하신 어르신. 진정 틀림없습니다. 오히려 누구나 있을 수 있습니다. 그것은 들판으로 통하는 문이니까요.

라인 백: 좋다. ─ 네 이름은?

야콥 페히: 야콥 페히입니다.

라인 백: 좋다. 물러가라! 야콥 페히. ─ (여관주인 물러난다.)
나는 이곳에서 거미처럼 웅크리고 있으면서 볼 품 없는 먼지 덩어리처럼 보이게 하겠다. 쿠니군데가 내 그물에 걸려들면 즉시 뛰어 나가 복수의 침을 저 부정(不貞)한 가슴에 푹 찔러 넣겠다. 죽이고, 죽이고, 죽여, 그녀의 해골을 희대의 갈보를 경고하는 기념으로 슈타인 성의 기둥에 걸어 보존하겠다!

프리드리히: 자 진정하게. 알브레히트! 투르네크에 파견했던 에긴하르트는 자네의 의심스런 점을 풀어줄 증거를 아직 갖고 오지 않았어.

라인 백: 네 말이 옳다. 친구여. 에긴하르트가 아직 돌아오지 않았다. 저 계집이 내게 보낸 쪽지에 이렇게 쓰여 있네. 앞에는

인사를 썼고, 나더러 자기에게 환심을 사려고 할 필요가 없다는 거야. 슈타우펜 영지는 슈트랄 백작에게서 우호적인 대화를 통해 자신에게 양도되었다고. 나의 영원한 혼에 걸고 맹세한다. 만약 그렇게 된 것이 정당한 절차에 의한 것이라면, 나는 꾹 참고 그녀와 싸우기 위해 배치했던 병사들을 해산시키겠다. 에긴하르트가 돌아와, 그녀가 그와 정식으로 약혼했다는 세간의 소문이 사실이라고 알린다면, 나는 기사의 예절을 주머니칼처럼 접어버리고, 군비를 받아내겠다. 그녀를 엎어놓고 호주머니를 톡톡 털어서라도 동전 한 푼 남김없이 받아내겠다.

제3장

에긴하르트 폰 데어 바르트 등장. 앞에 나온 사람들.

라인 백: 자, 친구여. 수고했다. 우정 어린 인사를 전한다. — 투르네크 성의 상황은 어떤가?

에긴하르트: 친구들아, 모든 것이 소문 대로다. 그 두 사람은 순풍에 돛을 올리고 사랑의 대해를 향해 중이다. 이 달 중에 결혼생활에 입항할 것이다.

라인 백: 입항하기 전에 벼락이 그들의 돛대를 부수어 버려라!

프리드리히: 그들이 약혼했는가?

에긴하르트: 간단히 말해서 아직은 아닌 듯하다. 그러나 눈길이
　　말을 하고, 얼굴 표정이 편지를 주고받고, 악수가 봉인을 한다
　　면, 혼인 계약은 성립된 거야.

라인 백: 슈타우펜 영지의 증여는 어떻게 되었나? 그걸 말해봐!

프리드리히: 언제 그가 그녀에게 그런 선물을 주었나?

에긴하르트: 엊그제 그녀의 생일날 아침이었어. 투르네크에서
　　는 일족들이 그녀를 위해 성대한 잔치를 열려고 준비를 했단
　　다. 해가 희미하게 그녀의 침상에 비춰 들었을 때, 그녀는 그
　　문서가 이불 위에 놓여 있는 것을 발견했어. 그 문서는 저 사
　　랑에 빠진 백작의 연애편지 속에 들어 있었는데, 그녀가 그와
　　함께 살겠다고 결심한다면 그것을 결혼 선물이라고 보장하는
　　거야.

라인 백: 그녀는 그것을 받아들였나? 물론이겠지! 거울 앞에 가
　　서 무릎을 굽히고 그것을 감사하게 받았나?

에긴하르트: 문서? 물론이지.

프리드리히: 그러나 그 대가로 요구한 그녀의 손은 어떻게 됐지?

에긴하르트: 그녀는 거절하지 않았어.

프리드리히: 뭐? 거절하지 않았다고?

에긴하르트: 안했지. 어림없는 소리. 그녀가 지금까지 구혼자에

게 거절한 적이 있던가?

라인 백: 그러나 마침내 결혼식의 종소리가 울릴 때 약속을 지킬까?

에긴하르트: 그것에 대해선 나에게 묻지 마!

라인 백작: 그녀는 그 편지에 어떻게 답을 했나?

에긴하르트: 진심으로 감동했어. 두 눈에서 눈물이 샘처럼 떨어져 편지를 적셨고 — 그녀의 감정을 말로 표현하는 것은 거지같다고 했어. — 당신은 이런 희생이 없어도 언제라도 나의 감사를 요구할 권리를 갖는다. 그것은 내 가슴에 마치 다이아몬드로 새겨 넣은 문자와 같다. — 간단히 말하면, 애매모호한 미사여구가 가득하고, 실크 앞치마처럼 두 가지 색이 번쩍이며, "예스"도 "노"도 이야기하지 않는 편지였어.

라인 백: 그럼, 친구들아, 그녀의 농간도 이것으로 끝이다! 그녀는 나를 기만했다. 다른 사람을 더는 기만하지 못한다. 그녀에게 끌려 다닌 바보 같은 남자의 대열도 나로서 끝이다. — 말을 탄 두 사자는 어디 있느냐?

프리드리히: (문 안을 향해) 어이!

제4장

두 명의 사자 등장. 앞에 나온 사람들.

라인 백: (조끼에서 두 통의 편지를 꺼내어) 이 편지들을 받게. — 이 것은 너, 또 다른 이것은 네가 갖고 가. 여기 있는 이것은 도미니카 수도원장 하토에게 전해 줘. 알았나? 내가 저녁 7시 종이 칠 때 수도원에 사면을 받으러 가겠다. 이 편지를 투르네크 성의 집사 페터 퀴반츠에게 전해주게. 오늘 밤 자정에 부하들을 데리고 성문 앞에 있다가 쳐들어가겠다. — 너는 완전히 어두워지기 전에는 성안으로 들어가지 말고, 누구에게도 네 모습을 보이지 마라. 내 말을 알아들었나? — 넌 [다른 사자에게] 남의 눈을 피할 필요가 없다. — 두 사람 모두 잘 알아들었나?

두 사자: 알겠습니다.

라인 백: (편지를 두 사람에게서 돌려받아) 편지가 서로 뒤바뀐 것은 아니지?

프리드리히: 아니야, 아니야.

라인 백: 아니라고? — 이런 제기랄!

에긴하르트: 무슨 일인가?

라인 백: 누가 봉인을 했는가?

프리드리히: 편지 말인가?

라인 백: 그래.

프리드리히: 무슨 말하고 있나? 자네가 직접 봉인하지 않았나?

라인 백: (다시 사자들에게 편지를 넘겨주며) 좋다! 자, 받아라! 시냇
가의 물레방아에서 너희를 기다리고 있겠다! ― 자 가자!

(일동 퇴장)

제5장

장면: 투르네크. 성의 어느 방

슈트랄 백작이 생각에 잠긴 채 두 개의 촛불이 있는 탁자에 앉아 있다. 백작이
손에 라우테 악기를 들고 가볍게 연주한다. 배경에는 곳샬크가 백작의 옷이랑
무기들을 손질하고 있다.

소리: (밖에서)

문 열어주세요! 문 열어주세요! 문 열어주세요!

곳샬크: 여보시오, 누구요?

소리: 접니다. 저입니다. 곳샬크 아저씨!

곳샬크: 누구요?

소리: 저입니다.

곳샬크: 너는?

소리: 예!

곳샬크: 누구지?

소리: 저입니다!

슈트랄 백작: (라우테를 내려놓고) 내 귀에 익은 목소리다!

곳샬크: 그렇습니다! 저도 이 목소리를 들은 적이 있습니다.

소리: 슈트랄 백작님! 문 열어주세요! 슈트랄 백작님!

슈트랄 백작: 아, 확실히 이것은 ―

곳샬크: 저것은 틀림없습니다. ―

소리: 케트헨입니다! 저입니다. 하일브론의 케트헨입니다.

　다른 누구이겠습니까?

슈트랄 백작: (일어서며) 어, 뭐라고? 괘씸한지고!

곳샬크: (하던 일을 모두 내려놓고)

　아, 아가씨, 어떻게 된 일이야? 아, 아, 사랑스런 아가씨, 네가?

　(그는 문을 연다.)

슈트랄 백작: 대체 이게 어찌된 일인가? ―

케트헨: (안으로 들어서며) 저입니다.

곳샬크: 주인님, 보세요. 자 정말 케트헨 아가씨입니다!

제6장

편지를 든 케트헨, 앞에 나온 사람들.

슈트랄 백작: 당장 그녀를 내쫓아라. 난 그녀를 만나지 않겠다.

곳샬크: 뭐라고 하셨습니까? 제가 바로 들었습니까 — ?

케트헨: 슈트랄 백작님은 어디에 계십니까?

슈트랄 백작: 당장 그녀를 내쫓아라! 아무 소리도 듣고 싶지 않다!

곳샬크: (케트헨의 손을 잡고)

　어떻게 된 것입니까? 주인님, 제발 —

케트헨: (백작에게 편지를 내밀며) 여기 있습니다. 백작님 받으십시오!

슈트랄 백작: (갑자기 그녀 쪽으로 몸을 돌리며)

　무슨 일로 왔지? 여기서 무엇을 하려고?

케트헨: (경악하며)

　아무것도 없습니다! — 절대로 아무것도 없습니다!

　제발 이 편지를 받으십시오 —.

슈트랄 백작: 나는 받지 않겠다! — 대체 어떤 편지인가?

　누구한테서 온 편지냐? 무슨 내용이냐?

케트헨: 이 편지는 —

슈트랄 백작: 난 그것을 알고 싶지 않다!

　저리 가거라! 저기 현관에 놔두어라.

케트헨: 고귀하신 어르신! 제가 설명하도록 허락해 주십시오! ─

슈트랄 백작: (화를 내며)

가거라! 방탕하며 부끄러움을 모르는 더러운 여자!

나는 아무것도 알고 싶지 않다! 자, 나가라!

하일브론의 집으로 돌아가!

케트헨: 제 삶의 주인이시여! 곧 돌아가겠습니다!

백작님께 매우 중요한 이 편지를 제발 받아 주십시오.

슈트랄 백작: 난 받지 않겠다! 받고 싶지 않아!

가거라! 즉시 떠나거라!

케트헨: 나의 고귀하신 어르신!

슈트랄 백작: (몸을 돌려)

말채찍을 이리 줘! 어디에 걸려 있는가?

방탕한 처녀가 내 집에서 쉬지 못하게 하겠다.

(그는 채찍을 벽에서 뗀다.)

곳샬크: 아, 백작님! 뭐 하십니까? 무슨 일을 하실 생각입니까?

저 처녀가 쓰지 않은 편지인데 왜 친절히 받지 않습니까?

슈트랄 백작: 당나귀 같은 늙은이. 입 닫고, 상관하지 마라.

케트헨: (곳샬크에게) 상관하지 마세요. 상관하지 마세요!

슈트랄 백작: 내가 있는 곳은 투르네크다. 내가 해야 할 일을 알고 있다.

나는 그녀의 손에서 편지를 받지 않겠다!

— 이제 가겠느냐?

케트헨: (재빨리) 예, 가겠습니다. 존경하는 어르신.

슈트랄 백작: 좋다!

곳샬크: (떨고 있는 케트헨에게 작은 소리로)

　안심해라! 무서워할 일이 아니다!

슈트랄 백작: 자, 가거라! —

　입구에 하인이 있는데 그에게 그 편지를 주고 집으로 돌아가

　거라.

케트헨: 예, 말씀대로 하겠습니다.

　그렇지만 제가 잠시 곳샬크 아저씨와 이야기하는 동안만이라도

　그 채찍을 걷어 주십시오. —

　(그녀는 곳샬크를 향해 몸을 돌리고)

　이 편지를 받아 주십시오!

곳샬크: 좋다. 좋다. 자, 이리 줘.

　대체 누구의 편지이지? 무슨 내용이지?

케트헨: 이것은 슈타인 백작에게서 온 편지입니다.

　오늘밤에 이 투르네크의 성에 공격해 와서

　백작님의 약혼자 쿠니군데 양을 빼앗겠다는 내용의 편지입

　니다.

곳샬크: 성을 공격한다고? 설마 그런 일이 —

　슈타인 백작이 공격한다고? — 대체 어떻게 이 편지를 손에

넣었지?

케트헨: 이 편지는 본래 수도원장 하토님께 전달된 것입니다.

그때 마침 아버지와 저는 하느님의 섭리로 원장님의 암실에 있었습니다.

원장님은 편지의 내용을 이해하지 못하고, 사자들에게 돌려주려고 하셨습니다.

제가 그것을 가로채어 투르네크로 달려왔습니다.

모두에게 알려, 전쟁에 대비하게 하기 위해서 입니다.

오늘 밤 12시에 살인적인 공격을 하려고 하기 때문입니다.

곳샬크: 어떻게 이 편지가 원장 하토에게 갔지?

케트헨: 그걸 저는 모릅니다. 그렇지만 별로 중요한 게 아닙니다.

아시다시피, 이것은 반드시 이 투르네크의 성에 살고 있는 누군가에게 전해져야 할 편지입니다. 이 편지가 원장님에게 소용 있는 것은 아닙니다.

그렇지만 그들이 공격할 것이라는 것은 사실입니다.

제 자신이 보았습니다. 슈타인 백작은 이미 투르네크를 향해 진군하고 있습니다.

제가 이곳에 오는 도중에 그를 만났습니다.

곳샬크: 혹시 환영을 본 것이 아닌가, 아가씨?

케트헨: 환영이라고요? ―

아닙니다. 저는 제 이름을 걸고 맹세합니다!

백작은 이미 성 외곽에 있습니다. 산림 속에는 백작의 기병이
가득 합니다.

말을 타고 나가셔서 보시면 곧 아실 것입니다.

곳샬크: — 백작님, 이 편지를 받아 직접 읽어보세요.

이것을 어떻게 생각해야 할지 저는 모르겠습니다.

슈트랄 백작: (채찍을 내려놓고, 편지를 받아 연다.)

"오늘밤 12시 종이 울리면 내가 투르네크 성 밖에 있을 거야.

성문을 열어 두게. 횃불을 손에 들자마자 안으로 돌입하여,

쿠니군데와 그녀의 약혼자 슈트랄 백작만을 노리겠다.

두 사람의 방은 어디인지, 영감이 가르쳐 주기 바람."

곳샬크: 무슨 이런 무서운 일을! — 그런데 누가 서명을 했지요?

슈트랄 백작: 이름은 없고, 세 개의 십자 모양이다.

(사이)

병사는 몇 명 정도인가? 카타리나?

케트헨: 높으신 어르신, 60인에서 70인입니다.

슈트랄 백작: 네가 직접 슈타인 백작을 보았니?

케트헨: 아닙니다. 그 백작을 보지는 못했습니다.

슈트랄 백작: 누가 병사를 통솔하는가?

케트헨: 두 기사들입니다. 존경하는 어르신.

저는 그들을 모릅니다.

슈트랄 백작: 그런데 벌써 성 밖에 있단 말인가?

케트헨: 예, 존경하는 어르신.

슈트랄 백작: 성에서 어느 정도 떨어져 있지?

케트헨: 3000걸음 정도입니다. 숲 속에 흩어져 있습니다.

슈트랄 백작: 길의 우측인가?

케트헨: 은소나무 숲의 왼쪽입니다.

　　저 계곡에 있는 다리 근처입니다.

　　(사이)

곳샬크: 공격이라, 끔찍하다. 일찌기 없었던 일이다!

슈트랄 백작: (편지를 호주머니에 꽂는다.)

　　즉시 투르네크의 사람들을 불러라!

　　― 지금 몇 시냐?

곳샬크: 정확히 11시 반입니다.

슈트랄 백작: 그럼 조금도 우물쭈물할 시간이 없다.

　　(그는 투구를 쓴다.)

곳샬크: 예, 즉시 그렇게 하겠습니다. ― 자, 오너라 케트헨,

　　지친 너의 마음을 달래주겠다.

　　정말 너에게 어떻게 감사를 해야 좋을지 모르겠다.

　　이 밤중에 숲과 들과 계곡을 달려왔는데 ―

슈트랄 백작: 아가씨, 그 밖에도 나에게 할 말이 있는가?

케트헨: 아닙니다. 이제 없습니다. 존경하는 어르신.

슈트랄 백작: ― 무엇을 찾고 있느냐?

케트헨: (가슴에 손을 얹고)

봉투입니다. 백작님께 중요한 것인지도 모릅니다.

어디에 두었는데 ― 확실히 이곳에 있었는데

(그녀는 주위를 둘러본다.)

슈트랄 백작 : 봉투?

케트헨: 아, 여기 있습니다.

(그녀는 봉투를 꺼내서 백작에게 넘긴다.)

슈트랄 백작 :이리 줘!

(그가 서류를 자세히 본다.)

너의 얼굴이 붉어지네! ―

감기 들지 않도록 뭔가 몸에 걸치는 게 좋겠다, 카타리나.

열이 식을 때까지 아무것도 마시지 마!

― 그런데 걸쳐 입을 게 없지 않나?

케트헨 : 없습니다. ―

슈트랄 백작: (자신의 장식띠를 풀어 ― 갑자기 몸을 돌려 그것을 탁자
위로 던진다.)

자, 이것을 몸에 둘러라 ―

(장갑을 집어 낀다.)

네가 아버지에게로 돌아가겠다면, 물론 내가 ―

(그는 말을 중단한다.)

케트헨: 어떻게 하시겠습니까?

슈트랄 백작: (채찍을 쳐다보고)

왜 내 채찍이 여기 있어?

곳샬크: 백작님께서 직접 거기에 놓아두었어요!

슈트랄 백작: (격분하여)

때려줄 개라도 들어왔단 말인가?

(그는 창을 향해 채찍을 던진다. 유리가 산산이 깨진다. 그리고 케트헨을 향해)

하일브론에 무사히 돌아가도록 말과 마차를 너에게 내주겠다.

— 언제 돌아가려고 생각하지?

케트헨: (몸을 떨면서) 존경하는 어르신, 즉시 돌아가겠습니다.

슈트랄 백작: (그녀의 뺨을 만져 주면서)

지금 당장은 안 돼! 여관에서 하루 묵을 수 있다.

(그는 운다.)

— 뭘 쳐다보고 있나? 가서 유리 조각을 주워!

(곳샬크, 유리 파편을 줍는다. 슈트랄은 탁자에서 장식띠를 집어 케트헨에게 준다.)

자, 이걸 받아 걸쳐라! 열이 식으면 돌려줘.

케트헨: (백작의 손에 입을 맞추려 한다.)

높으신 어르신!

슈트랄 백작: (케트헨에게서 몸을 돌리며)

잘 가라, 잘 가라, 잘 가라!

(밖에서 시끄러운 소리와 종소리.)

곳샬크: 아, 큰일 났다!

케트헨: 무엇입니까?

곳샬크: 습격이 아닌가?

케트헨: 습격?

슈트랄 백작: 투르네크의 사람들! 출동!

틀림없이 라인 백이 공격해 왔다!

(모두 퇴장)

제7장

장면 : 성 앞 광장. 밤. 성이 불타고 있다. 비상 종소리.

야경꾼: (등장하여 피리를 분다) 불이야, 불이야, 불이야, 투르네크
의 남자, 여자, 어린이들 일어나요. 일어나요! 산처럼 무거운
잠을 떨쳐버려요! 정신을 차리세요. 깨어나요! 일어나요!
불이야, 불이야, 악행이 소리 없이 문을 통과했다. 살인이 활
과 화살을 들고 너희 가운데에 서 있다, 약탈이 살인에게 불

을 밝혀주려고, 성의 구석구석에 불을 붙이고 있다. 불이야. 불이야. 불이야. 아, 황동의 폐를 가지고 지금보다 더 크게 소리를 지를 수 있는 말이 있다면 좋을 텐데. 불이야! 불이야! 불이야!

제8장

슈트랄 백작, 세 명의 투르네크의 기사들, 종자들, 야경꾼.

슈트랄 백작: 제기랄! 누가 성에 불을 질렀는가? ─ 곳샬크!

곳샬크: (무대 밖에서) 예!

슈트랄 백작: 내 방패와 창을 줘!

투르네크의 기사들: 무슨 일이 일어났나요?

슈트랄 백작: 묻지 마시오, 어떤 무기든 손에 쥐고 성벽으로 날아올라 화살 맞은 수퇘지처럼 싸우고 베시오!

투르네크의 기사들: 라인 백이 성문 앞에 와 있어요?

슈트랄 백작: 여러분, 성문 앞이오. 성문의 빗장을 지르기 전에 안으로 들어왔소.

성안의 배반자가 문을 열어 그를 맞이했소!

투르네크의 기사들: 살인적인 공격이다. 전대미문이다!

자, 가자 —

(종자와 함께 퇴장.)

슈트랄 백작: 곳샬크!

곳샬크: (무대 밖에서) 예!

슈트랄 백작: 빨리 내 칼을! 방패와 창을!

제9장

케트헨 등장. 앞에 나온 사람들.

케트헨: (칼과 방패 및 창을 들고) 여기 있습니다!

슈트랄 백작: (칼을 받아서 허리에 찬다.)

너는 무슨 용무인가?

케트헨: 아, 백작님께 무기를 갖고 왔습니다.

슈트랄 백작: 난 너를 부르지 않았다!

케트헨: 곳샬크 아저씨는 구조 활동을 하고 있습니다.

슈트랄 백작: 그럼 그가 왜 시동을 보내지 않았지?

— 너는 왜 귀찮게 따라오지?

(야경꾼 또 피리를 분다.)

제10장

기사 프람베르크, 병사를 데리고 등장. 앞에 나온 사람들.

프람베르크: 아, 볼이 터지도록 세게 불어라! 성에 불이 난 것은 두더지도 물고기도 안다. 불이 난 것을 우리에게 알리기 위해 너의 신성모독적인 음악은 필요없다.

슈트랄 백작: 거기 누구냐?

프람베르크: 슈트랄가의 일족입니다!

슈트랄 백작: 프람베르크인가?

프람베르크: 바로 그렇습니다.

슈트랄 백작: 이리 오너라! ― 전투의 행방을 알 때까지 여기에 있어라!

제11장

투르네크의 백모들 등장. 앞에 나온 사람들.

백모 1: 하느님 도와주세요!

슈트랄 백작: 진정하세요, 진정하세요.

백모 2: 우리는 졌습니다. 그들이 우리를 죽일 것입니다.

슈트랄 백작: 조카딸 쿠니군데 양은 어디 있어요?

백모들: 우리 조카딸, 쿠니군데 말입니까?

쿠니군데: (성안에서) 도와주세요! 여러분! 도와주세요!

슈트랄 백작: 하늘에 계신 하느님! 저게 그녀의 목소리가 아니었
　　나요?

　　(그는 방패와 창을 케트헨에게 준다.)

백모 1: 그렇소이다. 그 애가 소리쳤어요! ― 서두르세요! 서두
　　르세요!

백모 2: 저기 현관으로 나오네요!

백모 1: 빨리! 제발! 저 애가 비틀거리네요. 저 애가 쓰러지네요!

백모 2: 빨리 가서 저 애를 붙잡아 주세요!

제12장

쿠니군데 폰 투르네크. 앞에 나온 사람들.

슈트랄 백작: (그녀를 팔로 안고) 나의 쿠니군데!

쿠니군데: (약하게)

　　프리드리히 백작님, 최근에 제게 주신 당신의 초상화와 [그것
　　을 넣는] 상자!

슈트랄 백작: 어떻게 되었어요? 어디에 있어요?

쿠니군데: 불 속에! 아아. 꺼내 주세요! 타고 있습니다!

슈트랄 백작: 그냥 놔둬요! 소중한 사람아, 당신은 그 대신 나를 소유하고 있지 않소?

쿠니군데: 저 상자에 들어 있는 초상화를, 슈트랄 백작님! 저 상자에 들어 있는 초상화!

케트헨: (앞으로 나서며) 어디에? 어디에 있어요?

　　(그녀는 창과 방패를 프람베르크에게 준다.)

쿠니군데: 책상 서랍에 있어! 자, 부탁한다. 착한 아이야, 여기 열쇠가 있다!

　　(케트헨 몇 걸음 나간다.)

슈트랄 백작: 들어라, 케트헨!

쿠니군데: 빨리 가!

슈트랄 백작: 아가야, 들어봐!

쿠니군데: 가라!

　　왜 당신은 그녀를 멈춰 서게 하세요 ― ?

슈트랄 백작: 아가씨,

　　난 당신에게 그것 대신 초상화 열 개를 주겠소.

쿠니군데: (그의 말을 막으며)

　　제가 필요로 하는 것은 바로 그 초상화예요. 다른 것은 싫어요!
　　― 그 초상화가 제게 얼마만큼 중요한지 이곳에서 말할 수 없어요! ―
　　자, 소녀야, 가서 그 초상화와 상자를 갖고 와.

보상으로 네게 다이아몬드를 주겠다!

슈트랄 백작: 자, 그럼, 가지고 와! 어리석은 아가씨가 하기 좋은

일이다!

그것 말고 여기서 할 일이 뭐가 있나?

케트헨: 방은 ─ 오른쪽입니까?

쿠니군데: 아니, 왼쪽 계단 위,

저 입구를 장식한 발코니가 보이느냐?

케트헨: 그게 가운데 방에 있어요?

쿠니군데: 그렇다! 가운데 방에.

넌 그걸 찾을 거야. 자, 뛰어라. 아주 위험하다!

케트헨: 그럼 갑니다! 하느님, 도와주소서! 하느님, 도와주소서!

꼭 가지고 오겠습니다!

(퇴장)

제13장

케트헨을 제외한 앞에 나온 사람들.

슈트랄 백작: 여러분, 그녀를 따라 집 안으로 들어가는 사람에게

금화가 들어 있는 주머니를 하나 주겠다!

쿠니군데: 무슨 이유입니까? 왜 그렇게 하세요?

슈트랄 백작: 바이터 슈미트 어떤가? 한스 어떤가? 칼, 뵈티거?

프리츠 퇴퍼?

너희 중에 아무도 없나?

쿠니군데: 대체 어떻게 할 작정입니까?

슈트랄 백작: 아가씨, 사실 내가 고백을 해야겠소 —

쿠니군데: 당신은 왜 그렇게 강한 관심을 보입니까? —

저 아가씨는 누구입니까?

슈트랄 백작: — 오늘 우리를 위해 헌신적으로 일하고 있는 아가

씨요.

쿠니군데: 정말, 저 아이가 황제의 딸이라도 되면 좋겠네요!

— 왜 걱정합니까? 집이 불에 타더라도 나무 기둥은 아직 바

위처럼 견고하게 있습니다. 당분간은 위험한 일이 없을 겁

니다.

계단으로는 아직 불길이 미치지 않았습니다.

그녀가 만날 위험이라곤 연기뿐입니다.

케트헨: (한창 불타고 있는 창가에 나타난다.)

아씨! 신이여 도와주세요! 아, 연기가 숨을 막아요!

— 열쇠가 맞지 않아요.

슈트랄 백작: (쿠니군데에게) 에이 빌어먹을!

왜 확실히 가르쳐 주지 않았소?

쿠니군데: 열쇠가 안 맞니?

케트헨: (소리가 약해지면서) 신이여 도와주소서! 신이여, 도와주
소서!

슈트랄 백작: 내려와 케트헨!

쿠니군데: 괜찮아요, 놔두세요!

슈트랄 백작: 내려오라고 말했다!

열쇠가 없으면 거기에 있을 필요가 없다. 당장 내려와!

쿠니군데: 잠시만 놔두세요 ─!

슈트랄 백작: 뭐? 뭐? 제기랄!

쿠니군데: 아, 이제 기억난다. 아가야, 열쇠는 거울의 못에 잘 걸
어두었다. 화장대 거울에 ─

케트헨: 거울의 못에?

슈트랄 백작: 젠장! 내 초상화를 그린 그 녀석이 죽어버렸으면 좋
겠구나. 게다가

나를 낳은 아버지까지 저주스럽다!

─ 자, 빨리 찾아보아라!

쿠니군데: 부탁한다! 화장대, 알아들었니?

케트헨: (창문을 떠나면서)

화장대가 어디 있어요? 연기가 꽉 찼어요.

슈트랄 백작: 찾아라!

쿠니군데: 오른쪽 벽에.

케트헨: (모습은 보이지 않고 목소리만) 오른쪽에요?

슈트랄 백작: 내 말하지 않나? 찾아봐! ─

개처럼 충실하게 봉사하는 것이 저주스럽다!

케트헨: (약하게) 하느님, 도와주소서! 하느님, 도와주소서! 하느님, 도와주소서!

슈트랄 백작: 찾아 봐! ─

프람베르크: 그녀가 서두르지 않으면 위험합니다. 곧 집이 무너질 것입니다!

슈트랄 백작: 사다리를 가져 와!

쿠니군데: 뭐, 당신이?

슈트랄 백작: 사다리를 가져 와! 내가 올라가겠다.

쿠니군데: 나의 사랑하는 친구여, 당신이 직접 올라가시려고요?─

슈트랄 백작: 제발 그 자리에서 물러나요! 내가 당신을 위해 저 초상화를 가져오겠소.

쿠니군데: 잠시만 기다려 주세요. 부탁합니다.

저 아가씨가 곧 가지고 올 겁니다.

슈트랄 백작: 말리지 마오! ─

그녀는 화장대도 거울도 못도 알지 못하오. 나는 알고 있소.

내가 아마포에 크레용과 오일로 그린 초상화를 찾아서 당신에게 갖다 주겠소.

그게 당신의 간절한 소망이니까.

(네 명의 하인들이 비상 사다리를 들고 온다.)

— 여기에! 사다리를 세워라!

하인 1: (앞에서, 둘러본다.)

자, 저기 뒤쪽에 세우자!

하인 2: (백작에게)

어디에 세울까요?

슈트랄 백작: 열려 있는 저 창문에.

하인들: (사다리를 건다.) 영차, 영차.

하인 1: (앞에서 뒤에 있는 자를 향해)

안 된다, 물러나. 더 물러나! 나갈 수 없다. 뭐 하느냐?
사다리가 너무 길다.

다른 하인들: (뒤에서) 창문을 부수자!

창문의 십자를 밀어버리자! 그렇지!

프람베르크: (도와주면서)

자, 좋다! 이제 사다리가 단단히 섰고 움직이지 않는다!

슈트랄 백작: (칼을 내던지고)

자, 간다!

쿠니군데: 사랑하는 이여! 제 말을 들으세요!

슈트랄 백작: 곧 돌아오겠소!

(사다리에 한 발을 올린다.)

프람베르크: (큰소리로) 멈추세요! 제발!

쿠니군데: (놀라 사다리에서 물러나며)

　무슨 일입니까?

하인들: 집이 무너지고 있어요! 물러나세요, 물러나세요!

모두: 오, 하느님! 집이 완전히 파괴되었습니다!

　(집이 붕괴되고, 백작은 몸을 돌린 채 절망하여 두 손을 이마에 댄다. 무대 위에 있던 사람들이 모두 뒤로 물러나서 얼굴을 돌린다. ─ 사이)

제14장

케트헨이 한 뭉치의 종이를 손에 들고, 아직 붕괴되지 않은 대현관을 재빨리 벗어난다. 그녀의 뒤에는 청년 모습의 케루빔 천사가 빛에 둘러싸여 있는데, 금발 곱슬머리에다 어깨엔 날개가 나 있고 손에 종려나무 가지를 들고 있다.

케트헨: (대현관을 나오자마자 몸을 돌려 천사 앞에 엎드린다.)

　신이여, 천사여, 저를 지켜주소서! 저는 대체 어떻게 된 것입니까?

케루빔 천사: (종려나무 가지를 케트헨의 머리에 갖다 대고 사라진다.)

　(사이)

제15장

천사를 제외하고 앞에 나온 사람들.

쿠니군데: (처음으로 둘러보며)

틀림없이 내가 꿈을 꾸었구나! —

친구여! 여기 좀 보세요!

슈트랄 백작: (완전히 맥이 빠져)

프람베르크!

(프람베르크의 어깨에 기댄다.)

쿠니군데: 사촌들! 백모님들! —

백작님! 제 말 들어보세요!

슈트랄 백작: (그녀를 밀어내고)

떨어져요! — — 제발!

쿠니군데: 어리석은 사람들! 여러분은 소금기둥[5]이라도 되었나
요?

모든 일이 잘 해결되었어요.

슈트랄 백작: (얼굴을 돌리고)

내 마음에는 아무 기쁨도 없소!

이 세상의 모든 아름다움이 사라졌소. 나를 가만 놔두시오!

---

5 〈창세기〉19 : 26 롯의 아내를 뒤돌아보고 놀란 나머지 소금 기둥이 됨.

프람베르크: (하인들에게)

　자, 빨리, 여러분!

하인 1: 가래와 삽을 빨리 갖고 와!

하인 2: 건물의 잔해들을 파보자, 그녀가 살아 있는지도 모른다!

쿠니군데: (날카로운 소리로)

　바보 같은 늙은이들아,

　불에 타서 재가 되었을 거라고 생각하는 아가씨가,

　상처 하나 없이 바닥에 누워 있다.

　앞치마를 입에 대고 킥킥 웃고 있다!

슈트랄 백작: (몸을 돌리며)

　어디요?

쿠니군데: 여기입니다!

프람베르크: 아니, 말해보세요! 이건 있을 수가 없습니다.

백모들: 저 처녀가 설마 — ?

모두들: 아, 보라! 그녀가 저기에 누워 있다!

슈트랄 백작: (케트헨에게로 걸어가서 그녀를 관찰한다.)

　아, 하느님이 천사들을 데리고 너를 지켜 주시길!

　(그녀를 안아 일으킨다.)

　너는 어디에서 왔지?

케트헨: 높으신 어르신, 저도 모릅니다.

슈트랄 백작: 여기에 분명 집이 있었고, 너는 그 안에 있었다.

— 아닌가? 그렇지 않은가?

프람베르크: — 집이 불에 타서 가라앉을 때 너는 어디에 있었지?

케트헨: 여러분, 저는 제 몸에 무슨 일이 일어났는지 모릅니다.

(사이)

슈트랄 백작: 게다가 그 초상화까지 가지고 있네.

(그녀의 손에서 두루마리를 받는다.)

쿠니군데: (그것을 낚아채고) 어디요?

슈트랄 백작: 여기.

쿠니군데: (창백해진다)

슈트랄 백작: 이것은 초상화가 아닌가? — 물론이다!

백모들: 기적이다!

프람베르크: 누가 이걸 너에게 주었지? 말해봐.

쿠니군데: (두루마리로 케트헨의 뺨을 때린다.)

어리석은 것!

내가 상자도 꺼내오라고 말했지 않나?

슈트랄 백작: 그럼 공정하신 하느님을 걸고 말하지 않을 수 없구
나! —

당신은 그 상자를 갖고 싶은 거요?

쿠니군데: 그렇습니다. 상자를 원합니다!

당신은 거기에 당신의 이름을 새겨놓았습니다.

그 상자가 제게 중요합니다.

저는 그 사실을 그녀에게 명심시켰습니다.

슈트랄 백작: 사실, 그것뿐이라면 —

쿠니군데: 뭐요? 당신은 그렇게 생각하십니까?

중요한 것인지 아닌지는 제가 결정합니다. 당신이 알바가 아
닙니다.

슈트랄 백작: 아가씨, 아가씨의 호의(好意)에 침묵할 수밖에 없소.

쿠니군데: (케트헨에게)

너는 왜 일부러 상자에서, 이것을 꺼내왔느냐?

슈트랄 백작: 너, 왜 그걸 상자에서 꺼냈지?

케트헨: 저 초상화 말씀입니까?

슈트랄 백작: 그렇다!

케트헨: 높으신 어르신, 저는 상자에서 꺼내지 않았습니다.

저 초상화는 제가 책상 서랍을 여니, 구석진 곳에 반쯤 펼쳐
져 상자 밖으로 나와 있었습니다.

쿠니군데: 꺼져라! — 암원숭이 같은 이여!

슈트랄 백작: 쿠니군데! —

케트헨: 그럼 제가 그것을 다시 상자에 잘 넣어 가지고 올까요? —

슈트랄 백작: 아니야, 그런 게 아니야, 케트헨!

나는 너의 행위를 칭찬한다. 너의 행동은 옳았어.

네가 어떻게 그 상자의 가치를 알겠는가?

쿠니군데: 사탄이 그녀의 손을 조종했습니다!

슈트랄 백작: 걱정하지 마! ―

　쿠니군데 양은 그렇게 나쁜 뜻으로 말한 게 아니다. ― 저기
　에 물러나 있어!

케트헨: 높으신 어르신, 당신이 저를 때리지만 않으시면 ― !

　(그녀는 프람베르크에게로 가서 무대 안쪽에 있는 하인들 속에 섞인
　다.)

제16장

투르네크의 기사들. 앞에 나온 사람들.

투르네크의 기사들: 승리다. 만세, 전우들아! 적이 격퇴되었다!

　라인 백은 머리에 피를 흘리며 퇴각했다!

프람베르크: 뭐! 그가 도망갔다고?

사람들: 만세, 만세!

슈트랄 백작: 자, 말에 올라타라!

　즉시 저 계곡으로 가자.

　저놈들의 퇴로를 막을 수 있다!

　(모두 퇴장)

제4막

장면 : 산중, 폭포 위로 다리가 놓여 있다.

제1장

말을 탄 라인 백이 한 무리의 보병(步兵)을 거느리고 나타나 다리를 건넌다.
슈트랄 백작도 말을 타고 그들을 따라간다. 바로 그 뒤에 기사 프람베르크가
졸병과 보병들을 데리고 나타난다. 마지막으로 곳샬크도 말을 타고 있고 그
옆에 케트헨이 있다.

라인 백: (병사들에게) **빨리 다리를 건너라, 모두들! 저 슈트랄 놈
이 폭풍처럼 뒤쫓아 온다. 다리를 파괴해야 한다. 그렇지 않으
면 우리 모두는 끝장이다!**

(다리를 건넌다.)

라인 백의 병사들: (그를 따라가며) **다리를 파괴하라!**

(그들은 다리를 파괴한다.)

슈트랄 백작: (말을 타고 나타나 원을 그리면서) **물러가라! ─ 다리에
손을 대지마!**

라인 백의 병사들: (슈트랄 백작에게 활을 쏘며) **자, 이것이 대답이
다! 화살을 받아라!**

슈트랄 백작: (말머리를 돌리며) 악당들! ―

　어이 프람베르크!

케트헨: (두루마리를 높이 들어올리며) 고상한 어르신!

슈트랄 백작: (프람베르크에게) 빨리 사수(射手)를 불러라!

라인 백: (강 너머로 소리 지르며) 또 만나자, 백작! 헤엄칠 수 있으

　면 헤엄쳐 봐. 우리를 만나려면 강 이쪽 슈타인 성으로 와.

　(병사들을 데리고 간다.)

슈트랄 백작: 고맙네! 강물을 건널 수 있으면 만나러 가겠다.

　(강물에 뛰어든다.)

한 병사: (무리에서 나와) 잠시 기다리세요. 위험합니다. 조심하세요!

케트헨: (강둑에 머물면서) 슈트랄 백작님!

다른 병사: 막대기와 널빤지를 가지고 와!

프람베르크: 뭐, 너는 유대인인가? 물이 무서워?[6]

일동: 건너자! 건너자!

　(그들은 백작의 뒤를 따른다.)

슈트랄 백작: 계속 따라와! 따라와! 작은 개천이다. 얕고 좁다! 그

　렇다! 그렇다! 저놈들을 몰살시키자!

　(병사들을 데리고 퇴장.)

케트헨: 슈트랄 백작님, 슈트랄 백작님!

6　유대인은 세례를 받지 않으므로.

곳샬크: (말의 머리를 돌리며) 아니, 왜 소리치고 있느냐? — 이 난리통에 무슨 용무인가? 왜 우리의 뒤를 따라오나?

케트헨: (나무줄기에 기대어) 오, 하느님!

곳샬크: (말에서 내리며) 자, 치마를 걷어 올리고 타라! 내가 말을 끌고 너를 건네주겠다.

슈트랄 백작: (무대 밖에서) 곳샬크!

곳샬크: 예, 곧 갑니다! 무슨 일입니까?

슈트랄 백작: 내 창을 가지고 와!

곳샬크: (케트헨을 도와 말에 타게 하고) 지금 곧 가지고 갑니다!

케트헨: 이 말이 겁을 냅니다.

곳샬크: (말고삐를 끌며) 가만히 서 있어, 이놈! — 자, 신과 양말을 벗어라!

케트헨: (돌에 앉아서) 예, 즉시!

슈트랄 백작: (무대 밖에서) 곳샬크!

곳샬크: 예, 예! 곧 가지고 갑니다. — 그런데 넌 손에 무엇을 들고 있나?

케트헨: (신을 벗으면서) 상자입니다, 어제 손에 넣지 못했는데 — 지금은 어쨌든!

곳샬크: 뭐라고? 저 불 속에 있던 상자라고?

케트헨: 바로 그렇습니다! 그것 때문에 저는 꾸지람을 들었지요. 오늘 아침 일찍 제가 무너진 건물의 잔해에서 찾았습니다. 하

느님의 보살핌으로. ─ 자 여기 있습니다! (양말을 벗는다.)

곳샬크: 아, 이것 좀 봐! (그녀의 손에서 상자를 받고)

정말, 돌로 된 것인 양 손상되지 않고 그대로 있네. ─

안에는 뭐가 들어 있을까?

케트헨: 저는 모릅니다.

곳샬크: (한 장의 종이를 꺼낸다.) "슈타우펜 영지(領地)의 증여에

관한 증서, 슈트랄 백작 프리드리히로부터" ─ 참, 처치 곤란

하네!

슈트랄 백작: (무대 밖에서) 곳샬크.

곳샬크: 예, 곧 갑니다. 주인어른!

케트헨: (일어서며) 자, 준비가 다 되었습니다!

곳샬크: 너, 이것을 백작님께 드려야 한다!

(그녀에게 상자를 돌려준다.) 자, 손을 줘. 따라와!

(그는 그녀와 말을 이끌고 물에 들어간다.)

케트헨: (첫 발을 물에 담그고) 아!

곳샬크: 치마를 약간 걷어 올려라!

케트헨: 싫어요. 그렇게 하지 않겠습니다!

(그녀는 멈춰 선다.)

곳샬크: 옷섶까지만. 케트헨!

케트헨: 안돼요! 차라리 저는 다리를 찾아보겠어요.

(그녀는 돌아선다.)

곳샬크: (그녀를 붙잡고) 옷섶까지만, 복숭아뼈까지만!

케트헨: 아니, 아니, 안돼요. 저는 곧 따라가겠어요!

(빠져나가 뛰어간다.)

곳샬크: (개울물에서 돌아와 그녀 뒤에서 소리친다.) 케트헨, 케트헨! 내가 돌아설게! 눈을 감고 있을게! 케트헨! 몇 리를 가더라도 다리는 없어. — 아, 그녀 허리띠가 풀려 버리면 좋을 텐데! 저런, 강둑을 따라서 상류로 달려가네. 저 가파른 꼭대기까지 달려갈 작정인가. 정말 뱃사공이 가엾게 여겨 그녀를 도와주지 않는다면, 그녀는 실종될 거야!

슈트랄 백작: (무대 밖에서) 곳샬크, 어떻게 된 거야, 곳샬크!

곳샬크: 아, 계속 소리 지르세요! — 예, 주인어른. 지금 가고 있습니다.

(투덜거리며 말을 몰고 물을 건넌다. 퇴장.)

제2장

장면 : 베터 슈트랄 성. 나무들이 무성하게 자랐다. 부서진 외벽 주변. 전방에 라일락 나무가 잎이 우거져 일종의 자연스런 정자가 되었다. 그 밑에는 자연석 걸상이 있는데 짚단으로 덮여 있다. 나무 가지에는 셔츠와 양말 등이 널려 있다.

케트헨 누워서 자고 있다. 슈트랄 백작 등장.

슈트랄 백작: (초상화가 들어 있는 작은 상자를 품속에 넣으면서) 이 상자를 갖고 온 곳샬크의 말에 의하면 케트헨이 또 따라오고 있다고 한다. 쿠니군데는 자신의 성이 불에 타버려서 내 성으로 왔다. 방금 곳샬크가 와서, 케트헨이 또 다시 라일락 나무 밑에서 잠을 자고 있다고 말하며, 눈물을 흘리면서 그녀가 마구간에 묵을 수 있도록 허락해 달라고 내게 부탁했다. 나는 그녀의 아버지 테오발트가 나타날 때까지, 그녀를 위해 여관에 방을 하나 예약하려 한다고 답했다. 그 사이에 나는 그녀에 대하여 몇 가지를 알아보려고 몰래 이곳에 왔다. ― 나는 이 비참한 상황을 더는 참을 수 없다. 슈바벤의 가장 훌륭한 시민을 남편으로 삼을 수 있는 아가씨가 여기 있다. 그런데 나는 왜 이 아가씨가 창녀처럼 내 뒤를 따르는 운명을 타고났는지 알고 싶다. 왜 그녀는 개처럼 물불을 가리지 않고 방패의 문장 이외에는 기사로서 자랑할 것도 없는 나를 쫓아오는 것일까. ― 이것은 두 마음이 이심전심으로 공감하는 것 이상이다. 그녀의 가슴에 타고 있는 집념은 일종의 마성을 띠고 있음에 틀림없다. "케트헨, 하일브론에서 처음 나를 만났을 때 왜 그렇게 놀랐어?" 하고 내가 물을 때마다, 당황해진 그녀는 나를 쳐다보며 대답했다. "지엄하신 분이시여, 마땅히 알고 계실 텐데요!"라고. ― 아, 그녀가 저기에 있네. ― 그렇다! 저기서 뺨을 붉히고 두 손을 모으고 자고 있는 그녀를 보니,

여성의 매력에 대한 모든 감성이 나를 엄습하고, 내 눈에서 눈물이 흐른다. 그녀가 채찍을 들고 위협했던 나를 용서해 주지 않는다면, 나는 당장 죽고 싶다. ― 아니 내가 무슨 말을 하고 있나? ― 만약 그녀가 자기를 학대한 나를 위해 기도하면서 잠든 게 아니라면, ― 그러나 곳샬크가 와서 나를 방해하기 전에 서두르자. 곳샬크는 잠을 자고 있는 케트헨의 모습을 보고 나에게 세 가지를 이야기했다. 첫째, 그녀는 두더지처럼 잔다. 둘째 그녀는 사냥개처럼 언제나 꿈을 꾼다. 셋째 그녀는 잠을 자면서 이야기를 한다. ― 나는 이 세 가지의 특징에 기초해서 나의 계획을 시도해 보려고 한다. ― 내가 이렇게 하는 것이 죄가 된다면, 하느님이 이를 용서해 주시길 빈다!

(케트헨 앞에서 무릎을 꿇고 두 팔로 부드럽게 그녀를 안는다. ― 그녀는 잠을 깰 것처럼 움직이다가, 곧 다시 조용히 잠이 든다.)

슈트랄 백작: 케트헨, 자고 있나?

케트헨: 아닙니다. 존경하는 어르신

(사이)

슈트랄 백작: 그런데 눈을 감고 있었다.

케트헨: 눈을 감았다고요?

슈트랄 백작: 그렇다. 내가 보기엔 확실히 감고 있었어.

케트헨: ― 농담하지 마십시오!

슈트랄 백작: 뭐! 그게 아니라고? 넌 그럼 눈을 뜨고 있었다는 거야?

케트헨: 예, 최대한 크게 뜨고 있었습니다, 소중한 분이시여.

　저는 백작님께서 말을 타고 계신 것을 분명히 보았습니다.

슈트랄 백작: 그렇다! — 밤색 말이지 — 아닌가?

케트헨: 아닙니다! 흰말입니다!

　(사이)

슈트랄 백작: 내 사랑 아가씨, 넌 도대체 어디에 있느냐? 자, 말해 봐.

케트헨: 저는 멋진 녹색 초원에 있습니다.

　꽃이 가득 피어 있는 참 멋진 초원이죠.

슈트랄 백작: 아, 물망초! 아, 국화!

케트헨: 제비꽃도 있습니다. 자 보세요. 이렇게 가득히!

슈트랄 백작: 나는 말에서 내려, 풀밭의 네 곁에 잠시 앉겠다.

　— 케트헨, 앉아도 되나?

케트헨: 예, 그렇게 하세요, 높으신 분이여!

슈트랄 백작: (부르는 것처럼) 어이 콧샬크!

　말을 어디에 둘까? — 곳샬크! 너 어디에 있느냐?

케트헨: 네, 묶지 말고 놓아두세요. — 말은 도망가지 않습니다.

슈트랄 백작: (미소 지으며)

　그렇게 생각하느냐? 자, 그럼 그렇게 하지!

　(사이 — 그는 말에서 내리면서 무기들을 딸랑거린다.)

　내 사랑하는 케트헨!

　(그녀의 손을 잡는다.)

케트헨: 나의 귀하신 분이여!

슈트랄 백작: 나를 사랑하는가?

케트헨: 예! 정말 진심으로.

슈트랄 백작: 그렇지만 나는 ― 어떤가?

　　나는 아닌데.

케트헨: (미소 지으며)

　　아, 심술쟁이!

슈트랄 백작: 뭐, 심술쟁이라고? 심술쟁이는 아니야 ―

케트헨: 아니, 농담은 그만하세요! ―

　　당신은 딱정벌레처럼 열렬히 저를 사랑하고 계십니다.

슈트랄 백작: 딱정벌레처럼 열렬히 사랑한다고! 무슨 말을! 내 생

　　각엔, 네가 ――

케트헨: 무슨 말씀입니까?

슈트랄 백작: (탄식하며)

　　너의 믿음은 탑처럼 견고하게 뿌리를 내리고 있구나! ―

　　좋다, 그렇다면 내가 양보하지. ― 그렇지만 케트헨,

　　네가 말하는 대로라면 ――

케트헨: 그런데, 뭐라고 말씀하셨지요?

슈트랄 백작: 그 결과는 어떻게 되지?

케트헨: 그 결과가 어떻게 될지 알고 싶습니까?

슈트랄 백작: 그렇다! 그것을 생각해 보았느냐?

케트헨: 그 일은 걱정하지 마세요.

슈트랄 백작: 그게 무슨 말이냐?

케트헨: 내년 부활절에 당신은 저와 결혼하실 것입니다.

슈트랄 백작: (웃음을 참으며)

뭐? 결혼한다고? 사실인가? 그걸 나는 몰랐다.

카타리나여, 봐라! — 누가 네게 그런 말을 하더냐?

케트헨: 마리아네가 이야기했습니다.

슈트랄 백작: 뭐? 마리아네! — 마리아네가 대체 누구냐?

케트헨: 우리 집의 하녀입니다.

슈트랄 백작: 그런데 그 하녀는 또 — 누구한테서 그것을 들었지?

케트헨: 마리아네가 점을 쳐서 알았습니다. 섣달 그믐날 밤에 납을 물에 부어서 그 형상을 보고 결혼 상대를 알아내는 점을 쳤습니다.

슈트랄 백작: 무슨 말인가? 그럼 마리아네가 너의 운명을 예언했느냐? —

케트헨: 훌륭하고 늠름한 기사가 나와 결혼할 것이라고요 —

슈트랄 백작: 넌 그 기사가 나라고 생각하느냐?

케트헨: 예, 그렇습니다. 존경하는 어르신.

(사이)

슈트랄 백작: (감동하여) — 너에게 말하겠는데

아가야, 그것은 내가 아니다.

기사 프람베르크이거나 아니면 다른 사람이야. 넌 어떻게 생
각하니?

케트헨: 아닙니다. 아닙니다!

슈트랄 백작: 아니라고?

케트헨: 아닙니다. 아닙니다. 아닙니다!

슈트랄 백작: 왜? 아니지? 그 이유를 말해 보아라!

케트헨: ― 그 섣달 그믐날 밤의 점이 끝나고 나서, 저는 침대에
가서 하느님께 빌었습니다.

마리아네가 이야기한 것이 사실이라면 제발 꿈에 그 기사를
만나게 해 주세요, ―

그러자 한밤중에 당신이 오셨습니다.

지금 제 앞에 서 계신 그 모습으로.

신부인 저를 만나러 오셨습니다.

슈트랄 백작: 아, 내가 너를 만나러 ― ? 아가씨, 난 그런 기억이
없어.

― 대체 몇 시에? 내가 ― ?

케트헨: 섣달 그믐날 밤입니다.

이번 섣달그믐이 되면 꼭 2년이 됩니다.

슈트랄 백작: 어디서? 슈트랄 성에서?

케트헨: 아닙니다! 하일브론입니다.

제 침대가 있는 작은 방이었습니다.

슈트랄 백작: 무슨 농담하는가? 사랑하는 아가야, 그때에 나는 슈

   트랄 성에서 누워 있었단다. 더구나 빈사의 상태였어.

   (사이 — 그녀는 한숨을 쉬고 몸을 움직이며 뭔가를 중얼거린다.)

슈트랄 백작: 무슨 말을 하는 건가?

케트헨: 누가요?

슈트랄 백작: 너!

케트헨: 제가요? 아무 말도 하지 않았습니다.

   (사이)

슈트랄 백작: (혼자서)

   이상하다. 정말! 섣달 그믐날 밤에 —

   (꿈을 꾸듯이 눈을 감는다.)

   — 더 이야기해 줘, 케트헨!

   나 혼자 왔던가?

케트헨: 아닙니다. 존경하는 어르신.

슈트랄 백작: 혼자가 아니라? — 누가 내 곁에 있었나?

케트헨: 농담은 그만하세요.

슈트랄 백작: 말해 봐!

케트헨: 더 기억나지 않습니까?

슈트랄 백작: 정말이다, 기억나지 않는다.

케트헨: 케루빔 천사가 당신 곁에 있었습니다. 나의 귀하신 분이여.

   어깨에는 눈처럼 흰 날개가 있었고 빛이 나고 있었습니다 —

아, 그 반짝임을!

그런 천사가 당신 손을 잡고서 당신을 저에게로 이끌었습니다.

슈트랄 백작: (그녀를 빤히 쳐다본다.)

정녕코 복되기를 바라노니, 나는 네가 하는 말이 맞는다고 믿는다!

케트헨: 그렇습니다. 존경하는 어르신.

슈트랄 백작: (긴장된 목소리로)

모포 베개에 너는 누워 있었다. 흰 침대 깔개, 붉은 이불을 덮고 ―

케트헨: 예, 그렇습니다!

슈트랄 백작: 가벼운 잠옷만 입고?

케트헨: 잠옷이라고요? ― 아닙니다.

슈트랄 백작: 뭐, 아니라고?

케트헨: 가벼운 잠옷만 입었다고요?

슈트랄 백작: 넌 마리아네를 불렀지?

케트헨: 예, 제가 마리아네를 불렀습니다!

빨리, 모두, 이리 와, 크리스티네!

슈트랄 백작: 눈을 동그렇게 뜨고 나를 빤히 쳐다보았지?

케트헨: 예, 저는 꿈이라고 생각했기 때문입니다.

슈트랄 백작: 몸을 떨면서 천천히 침대에서 내려와 내 앞에 무릎을 꿇었지 ― ?

케트헨: 그리고 나지막하게 속삭였습니다.

슈트랄 백작: (그녀의 말을 가로막으며)

그리고 나지막한 목소리로 나의 존경하는 어르신이라고 속삭였어.

케트헨: (미소 지으며)

그리고 그 다음에는, 기억나십니까? 천사가 당신에게 뭘 보여주셨지요? —

슈트랄 백작: 반점을 보여주었다. — 오, 하느님 저를 보호하소서! 넌 반점을 가지고 있지?

케트헨: 예, 물론입니다!

슈트랄 백작: (그녀의 스카프를 잡아당기며)

어디에? 목에?

케트헨: (몸을 움직이며) 자, 보세요.

슈트랄 백작 :오, 하느님! — 그때 내가 너의 얼굴을 보려고 턱을 밀어 올렸지?

케트헨: 아, 그때. 밉살스런 마리아네가 등불을 들고 와서 —— 그래서 모든 것이 끝났습니다. 저는 잠옷을 입고 마룻바닥에 누워 있었고,

마리아네는 저를 비웃었습니다.

슈트랄 백작: 오, 신들이여, 저를 보호해 주세요. 저는 유령처럼 밤중에 걸어 다니는 이중 존재입니다!

(그녀를 놓아주고 갑자기 일어선다.)

케트헨: (눈을 뜨고)

내 삶의 주인이신 하느님! 대체 내게 무슨 일이 일어나고 있나요?

(그녀는 일어서서 둘러본다.)

슈트랄 백작: 꿈이라고 생각되는 일이 하나도 틀림없이 사실이다.

티푸스 병으로 슈트랄 성에서 죽은 듯이 누워 있었는데,

나의 영혼은 케루빔 천사에 이끌려 그녀를 방문했다. — 하일브론의 이 아가씨 방에.

케트헨: 오, 하느님! 백작님이시다!

(모자를 쓰고 스카프를 고쳐 맨다.)

슈트랄 백작: 어떻게 하면 좋을까? 나는 어떻게 행동하면 좋을까!

(사이)

케트헨: (두 무릎을 꿇고)

높으신 어르신, 이렇게 당신 앞에 엎드려 당신이 내려주실 분부를 기다리고 있습니다. 당신의 엄한 명령을 위반하고 당신의 성벽에서 백작님의 눈에 띄어버렸습니다.

맹세합니다, 한 시간만 쉬려고 했습니다.

이제 곧 저의 길을 다시 가겠습니다.

슈트랄 백작: 아, 내 혼은 이상한 빛에 현혹되어 무서운 광기의 언

저리를 방황하고 있다!

지금도 내 귀에 낭랑하게 울려오는 천사의 소리 '그녀가 우리 황제폐하의 딸이다'라는 저 예언을 도대체 어떻게 이해하면 좋을까?

곳샬크: (무대 밖에서)

케트헨! 아, 아가씨!

슈트랄 백작: (그녀를 급히 일으켜 세우고)

자, 빨리 일어나!

스카프를 바로 매라! 남의 눈에 어떻게 보이겠나!

제3장

곳샬크 등장. 앞에 나온 사람들.

슈트랄 백작: 곳샬크. 마침 잘 왔다. 조금 전에 네가 이 아가씨를 마구간에 재워도 좋으냐고 물었지? 그렇게 하면 여러 가지 점에서 맞지 않다. 프리데보른 양은 성에 계신 내 어머니에게 간다.

곳샬크: 뭐라고요? 어디로요? 성으로요?

슈트랄 백작: 그렇다. 즉시! 그녀의 물건을 챙겨서,

성으로 가는 오솔길로 그녀를 따라 가거라.

곳샬크: 이게 어찌된 일인가, 케트헨! 너 들었니?

케트헨: (우아하게 절을 하며)

존경하는 어르신, 제 아버지가 계신 곳을 알 때까지 그 말씀
에 따르겠습니다.

슈트랄 백작: 그래 좋다! 그의 행방은 내가 즉시 알아보겠다.

(곳샬크는 그녀의 소지품을 챙기고, 케트헨은 그를 도와준다.)

자, 되었느냐?

(백작은 스카프를 바닥에서 집어서 그녀에게 넘겨준다.)

케트헨: (얼굴을 붉히면서) 어머나, 당신께서 친히 수고하십니까?

(곳샬크, 짐 꾸러미를 손에 잡고)

슈트랄 백작: 자, 너의 손을 다오!

케트헨: 존경하는 어르신!

(그는 그녀의 손을 잡고 돌이 있는 길을 넘어 간다. 돌이 있는 길을 다
지나가자, 그녀를 앞에 세우고 그 뒤를 따른다. ―

모두 퇴장)

제4장

장면 : 정원, 배경에 고딕 풍의 동굴이 있다.

쿠니군데, 전신에 진홍의 베일을 쓰고 있다. 로잘리에 함께 등장.

쿠니군데: 슈트랄 백작은 말을 타고 어디에 갔는가?

로잘리에: 아가씨, 그것은 성안에 있는 사람 아무도 모릅니다. 어제 저녁 늦게 황제의 사자 셋이 와서 그를 깨웠습니다. 그는 그들과 밀담을 나누었습니다. 그리고 백작님은 오늘 아침 날이 밝자마자 말을 타고 어디론가 나가셨습니다.

쿠니군데: 동굴을 열어줘.

로잘리에: 이미 열려 있습니다.

쿠니군데: 나는 기사 프람베르크가 너를 사모하고 있다는 말을 들었다. 목욕과 화장을 끝낸 점심때에 너에게 이 사건의 진상을 묻겠다.

(동굴로 들어간다.)

제5장

엘레오노네 등장. 로잘리에.

엘레오노레: 안녕, 로잘리에.

로잘리에: 안녕하십니까, 아가씨! — 무슨 일로 이렇게 일찍 여기에 오셨습니까?

엘레오노레: 너무 더워 괴로워서, 백작님이 성으로 데리고 온 저 귀여운 케트헨 아가씨와 이 동굴에서 목욕이나 같이 하려고.

로잘리에: 용서하세요. 지금 쿠니군데 양이 들어가 있습니다.

엘레오노레: 쿠니군데 양이? — 누가 열쇠를 주었는가?

로잘리에: 열쇠 말씀입니까? — 동굴은 열려 있습니다.

엘레오노레: 그 안에서 케트헨 양을 보지 못했니?

로잘리에: 예, 아가씨. 아무도 없습니다.

엘레오노레: 나는, 케트헨이 그 안에 있다고 확신한다.

로잘리에: 이 동굴 속에? 불가능해요!

엘레오노레: 아니 틀림없다. 저 옆에 있는 어둡고 가려져 있는 작은 동굴의 방들 어딘가에 있다. — 그녀가 먼저 들어갔어. 우리가 입구를 지날 때, 나는 백작 부인이 계신 곳에 가서 몸 닦는 수건을 가지고 오겠다고 말하고 돌아왔어. — 아, 고맙게도 바로 저기에 아가씨가 나와 있네!

제6장

케트헨 동굴에서 나온다. 앞에 나온 사람들.

로잘리에: (혼자서) 어머나! 저기 보이는 게 누군가!

케트헨: (떨리는 소리로) 엘레오노레 양.

엘레오노레: 아, 케트헨. 벌써 목욕을 끝냈니? 보라, 아가씨의 온
  몸에서 번쩍번쩍 빛이 난다. 백조가 가슴을 펴고 푸른 호수에
  서 위로 올라가는 것 같다! ― 상쾌해졌느냐?

케트헨: 엘레오노레 양, 저리 좀 가요.

엘레오노레: 어디 아프니?

로잘리에: (파랗게 되어)

  너는 어디에서 왔어? 저 동굴에서 왔지? 그 통로에 숨어 있었
  지?

케트헨: 엘레오노레 양, 간절히 부탁합니다!

쿠니군데: (동굴 안에서)

  로잘리에!

로잘리에: 곧 갑니다, 아가씨!

  (케트헨에게) 넌 그녀를 보았지?

엘레오노레: 무슨 일이 있었니? 말해 봐. ― 왜 그렇게 창백하니?

케트헨: (엘레오노레의 팔에 쓰러지며) 엘레오노레 양. ―

엘레오노레: 하늘에 계신 하느님, 도와주소서! 케트헨, 아가야!

어디가 아파?

쿠니군데: (동굴 안에서)

로잘리에!

로잘리에: (케트헨에게)

자, 하늘에 걸고 말한다! 네 눈으로 본 것을 혀로 말하게 하느

니, 차라리 네 눈알을 뽑는 것이 좋을 거다!

(그녀는 동굴 속으로 들어간다.)

제7장

케트헨과 엘레오노레

엘레오노레: 아가야, 무슨 일이야, 왜 로잘리에가 너를 그렇게 심

하게 꾸짖을까?

왜 그렇게 떨고 있지?

큰 낫과 모래시계를 가진 저승사자가 온다고 해도

이렇게 심하게 놀라지는 않을 것이다!

케트헨: 이제 말하겠어요. ―

(그녀는 말을 하지 못한다.)

엘레오노레: 자, 말을 해봐! 듣고 있다.

케트헨: — 그렇지만 엘레오노레 양, 결코 누구에게도 이 일을 발설하지 않겠다고 맹세하세요—

엘레오노레: 결코 누구에게도 발설하지 않겠어. 믿어.

케트헨: 크고 멋진 둥근 천장이 있는 동굴의 중앙 홀은 나에게 너무나 밝아서

나는 비밀 문을 통해 옆에 있는 작은 동굴로 살금살금 들어갔습니다.

거기서 한 번 목욕하고 상쾌해진 나는 기쁜 마음으로 동굴의 중앙 홀로 들어갔습니다.

당신이 그 안에서 목욕하면서 찰랑찰랑 물소리를 내는 것이라고 생각했습니다.

그러나 목욕통 속에 들어가려 할 때, 나는 눈으로 보았습니다.—

엘레오노레: 자, 무엇을 보았니, 누구를 보았니? 말해 봐!

케트헨: 어떻게 말하는 것이 좋을까?

엘레오노레 양. 당신은 즉시 백작님을 찾으셔야 합니다. 그리고 그에게 전부 말하세요.

엘레오노레: 아가야, 난 대체 그게 뭔지 알기나 했으면 좋겠어!

케트헨: — 그렇지만 결코 나한테서 들었다고 말하면 안 돼요.

아, 차라리 백작님이 언제까지라도 그 끔찍한 것을 모르셔야 할 텐데!

엘레오노레: 귀여운 케트헨, 수수께끼 같은 말을 하고 있네.

끔찍한 것이라니? 무엇을 보았니?

케트헨: 아, 엘레오노레 양, 차라리 말을 하지 않는 것이 좋은 것
같습니다!

나 때문에, 나 때문에 백작님이 실망하시지 않기를 바랍니다!

엘레오노레: 뭔데? 어째서 백작에게 비밀로 해야 하니? ─

자, 어쨌든 이야기 해봐 ─

케트헨: (몸을 돌리며) 쉿!

엘레오노레: 뭐니?

케트헨: 오고 있습니다.

엘레오노레: 쿠니군데 양과 로잘리에다. 그밖에는 아무도 없다.

케트헨: 갑시다! 어서 떠나요.

엘레오노레: 왜?

케트헨: 가시죠, 미친 여자입니다!

엘레오노레: 어디로?

케트헨: 여기서 멀리, 이 정원에서 나갑시다 ─

엘레오노레: 너, 정신이 있니?

케트헨: 엘레오노레 양!

여기서 저 여자와 만나게 되면, 나는 죽게 됩니다!

자, 빨리 나는, 백작 부인의 품안으로 대피해야 합니다!

(퇴장)

제8장

쿠니군데와 로잘리에 동굴에서 나온다.

쿠니군데: (로잘리에에게 열쇠를 주며.)

자, 받아라! ― 내 거울 밑 서랍에, 오른쪽 검은 상자에 들어 있는 가루약이다.

이것을 포도주에, 물에, 우유에 섞어서 "케트헨 오너라."라고 말해라! ― 그런데 그 계집아이를 네 무릎 사이에 꼭 눌러 놓는 것이 좋겠다.

독약, 죽음 복수! 어느 것이든 너 좋은 대로 해라. 어쨌든 그녀가 이것을 꼭 마시게 하여라.

로잘리에: 아가씨, 일단 들어보세요. ―

쿠니군데: 독! 페스트! 죽음이다!

한마디도 말하지 마라. 그녀를 침묵하게 하라. 그녀가 독살되어 묻히고,

썩어 흙이 되고, 그 후 묘지에서 은매화(銀梅花) 가지가 되어 오늘의 일을 바람에 속삭이면, 그때 내게 와서 자비와 용서, 의무, 법, 신, 지옥, 악마를 이야기해라.

그러고 나서 나에게 후회와 양심의 가책을 말해라.

로잘리에: 그녀는 이미 누군가에게 그것을 발설해 버렸어요. 그

런 일을 하더라도 아무런 소용이 없을 겁니다.

쿠니군데: 독! 죽음의 잿더미! 암흑! 혼돈의 혼란이다! 이 가루약
은 이 성안에 있는 개나 고양이를 포함하여 모두를 죽이기에
충분한 분량이다! 자, 내가 말했던 대로 해라.

그녀가 내 옆에서 백작의 마음을 얻으려 한다고 사람들은 말
한다.

─ 그리고 저 원숭이 같은 얼굴이 백작의 마음을 움직이고 있
는 것이 틀림없다. 그것이 거짓이라면 나는 죽어도 좋다. 자,
가서 그녀를 데리고 안개 속으로 사라져라,

이 세상에는 그녀와 내가 함께 존재할 공간은 없다!

(퇴장)

제5막

장면 : 보름스, 황제의 거성 앞 광장. 한쪽에는 옥좌, 배경에는
신명재판(神明裁判)을 위한 법정의 칸막이

제1장

옥좌에는 황제. 그 옆에는 보름스 대주교. 오토 백작과 그 밖의 기사 신사들.
친위병 등. 슈트랄 백작은 가벼운 갑옷을 입고, 테오발트는 온 몸에 삼엄한
무장을 하고 있다. 두 사람은 옥좌를 향해 서 있다.

황제: 베터 슈트랄 백작이여. 그대는 지금부터 석 달 전, 하일브
론을 통과할 때,

바보같은 한 처녀의 가슴 속에 전광(電光)처럼 파고들었다.

그녀는 지난번에 늙은 아버지를 버리고 그대의 곁으로 달려

갔는데, 그대는 그녀를 아버지의 곁으로 돌려보내지 않고,

그대의 조상 전래의 거성 별채에 숨겼다.

그렇지만 그대는 자신의 비행을 미화하려고 가소롭고 비열한

거짓말까지 퍼트렸다.

심야에 케루빔 천사가 나타나 그대 곁에 있는 이 아가씨가 황

제인 나의 딸이라는 사실을 알렸다고 했다.

이런 황당무계한 예언을 나는 물론 비웃을 뿐이다.

그대가 멋대로 그녀의 머리에 왕관을 씌워줘도 좋다. 그러나 앞으로 그녀는 슈바벤에서 아무런 유산을 받지 못한다. 그것을 잘 알아라.

보름스 궁정도 그와 같은 여자는 결코 맞이하지 않겠다.

한편 여기에 가슴 아파하는 한 남자가 꾸부정하게 서 있다.

그대는 그의 딸을 유괴한 것에 만족하지 않고, 그의 죽은 아내를 부정한 여인으로 명예훼손까지 했다.

그는 평생 아내를 정숙하다고 믿었고, 충실한 딸의 불행한 아버지임을 무엇보다도 자랑했다.

그가 억울한 마음에서 고소를 제기했으므로, 그대를 내 앞으로 소환했다.

그대가 죽은 여인의 묘에 가한 불명예를 말하라.

천사의 친구여! 자, 준비해라.

그대는 이 단판의 결투에서 천사의 예언을 강철 같은 말(言)로 입증해라!

슈트랄 백작: (화가 나서 얼굴이 붉어지며)

황제 폐하, 저의 팔에는 힘이 꽉 차 있습니다.

악마와 싸워도 이길 아주 잘 숙련된 강철 같은 힘을 가진 팔입니다.

저 백발 머리를 만난다면, 즉시 그를 농가의 저장실 선반 위에 늘어놓고 발효시키는 스위스 치즈처럼 납작하게 내동댕이 치겠습니다.

제발 폐하의 은총으로써, 어리석고 미친 듯이 마구 지껄이는 저를 용서해 주십시오.

정말 어처구니 없고 허황된 이야기입니다.

둘로 나뉜 서로 잘 맞는 한 쌍의 반지와 같은 것인데, 사람들이 심심풀이로 교묘하게 두 사건을 한데 엮어놓은 것입니다.

저 섣달 그믐날 밤의 일은 모두 고열(高熱)로 생긴 환상임을 헤아려 살펴주십시오. 가령 폐하께서, 제가 유대인이라는 꿈을 꾸셨더라도, 저로서는 전혀 아무렇지도 않습니다.

저자의 딸을 폐하의 따님이라고 열심히 미친 듯이 말씀드리더라도, 듣고 흘려버리시기 바랍니다.

대주교: 폐하, 이 말을 들으면 사실 저 고소인의 격앙된 마음도 진정될 것입니다.

그는 이 노인의 부인에 대한 비밀을 알고 있다고 자랑하지 않습니다.

또 그가 최근 마리아네라는 여자와 몰래 주고받았다는 말도 이미 취소했습니다.

잠시 그의 마음을 혼란시킨 이 세상의 불가사의한 구조 때문에 그를 벌하지 마시기 바랍니다.

테오발트여, 슈트랄 백작은 한 시간 전에 나에게 손을 내밀고 확실히 맹세했다.

그대가 슈트랄 성으로 온다면 케트헨을 그대에게 넘겨주겠다고. 안심하고 딸을 데리러 가는 것이 좋다.

자, 노인장, 그렇게 이 사건을 끝내어라!

테오발트: 저주스런 위선자여, 너는 머리끝에서 발끝까지 그 처녀가 폐하의 사생아라고 믿고 있으면서 어떻게 그걸 부인할 수 있는가?

무엇 때문에 교회의 장부를 뒤적여 그녀의 생일을 조사하고, 회임일(懷妊日)이 언제인가를 감정하고,

또 저주받을 지혜로써 황제폐하께서 16년 전에 하일브론을 지나가셨다는 사실까지 찾아내었지?

신이 복수의 여신과 키스하여 생겨난 방자한 놈!

친부살해의 마음을 화려하게 감추고 자연의 영원한 사원에 있는 화강석 기둥마저 잡고 흔들어 넘어뜨리는구나!

지옥의 아들이여! 나의 이 칼이 지금이야말로 너의 정체를 드러내련다.

그렇지 않으면 칼이 뒤로 돌아와 나를 캄캄한 무덤 속으로 처넣을 것이다!

슈트랄 백작: 신의 노여움을 두려워하지 않는 자여, 독을 품고 어디까지 나를 비방하려는가? 나는 결코 너를 모욕한 일이 없다.

지금까지의 미혹에 대해서는 오히려 네가 나에게 사죄해야 한다.

그래 네 멋대로 해라. 이 피에 굶주린 싸움쟁이여!

내가 빈사의 상태로 침대에 누워 있을 때 광명에 싸여서 밤중에 내 곁에 나타난 케루빔 천사가, 하늘의 샘에서 갖고 온 지식을 나에게 주었다.

지금 내가 그걸 왜 부정하겠나?

자, 나는 이 최고의 신의 면전에서, 나의 주장을 너의 귀가 터지도록 외친다.

네가 너의 아이라고 말하는 하일브론의 케트헨은 지존이신 황제 폐하의 아이다.

자, 그 반론의 증거를 들어서 나를 납득시켜 보아라!

황제 나팔수여, 나팔을 불어라! 저 비방자를 죽음으로 보내라!

(나팔소리)

테오발트: (칼을 뽑으면서)

내 칼이 갈대풀이고, 밀랍을 개어서 칼자루에 느슨하게 붙여 놓았다 하더라도, 나는 너를 황야에 생겨난 독버섯처럼 머리부터 발까지 두 조각내어, 네가 거짓말하고 있음을 세상에 드러내 보이겠다! 이 거짓말쟁이야.

슈트랄 백작: (칼을 허리에서 뽑아 옆 사람에게 넘겨준다.)

가령 나의 투구와 그것에 싸인 이마가 계란껍질처럼 투명하고 얇고 깨지기 쉬워도, 너의 칼이 다이아몬드에 튕긴 것처럼, 되받아서 박살내 보이겠다. 그리하여 내가 말한 것이 진실이라는 것을 온 세상에 증명하겠다! 자, 덤벼라. 이제 어느 쪽 주장이 옳은지 밝히자.

(그는 투구를 벗고 테오발트에게 바싹 다가간다.)

테오발트: (물러나면서)

투구를 써라!

슈트랄 백작: (그를 쫓아 앞으로 나서며)

칼로 쳐라!

테오발트: 투구를 써라!

슈트랄 백작: (테오발트를 바닥에 넘어뜨리며)

내 눈썹에서 나오는 빛에 쬔 것만으로도 너의 수족은 마비되었는가?

(테오발트의 손에서 칼을 비틀어 뺏고, 그의 가슴에 발을 얹는다.)

정의의 승리는 내 것이라고 마음은 들끓고 있는데, 어째서 내 발이 너의 머리를 짓밟지 못할까? ― 살려주겠다!

(칼을 옥좌 앞에 던진다.)

'시간'이라는 늙은 스핑크스가 이 수수께끼를 풀어 줄 것이다. 그러나 저 케트헨은 내가 말한 대로 어디까지나 우리 황제 폐하의 딸이다!

민중: (수군거리며)

와 — ! 베터 슈트랄 백작이 승리했다.

황제: (창백해져 자리에서 일어나)

여러분, 떠나자!

대주교: 어디로 말입니까?

한 기사: (종자들 중에서) 어떻게 되었습니까?

오토 백작: 전능하신 하느님! 폐하께서 편찮으신가?

여러분, 따라와라! 폐하의 기분이 좋지 않으시다.

(퇴장)

제 2 장

장면: 보름스. 황제 성의 방.

황제: (출입구에서 뒤돌아보며) 물러나라! 아무도 따라오지 마라! 프라이부르크의 성백과 기사 발트슈테텐만 들어오게 하라. 내가 지금 만나고 싶은 사람은 이 두 사람뿐이다. (문을 꽝하고 닫는다.) — 슈트랄 백작에게 케트헨이라는 아가씨가 나의 딸이라고 알려준 천사의 말은 확실히 — 분명 진실임에 틀림없다. 그 아가씨는 만 열다섯 살이다. 그렇다. 내가 누이동생인 팔츠 백작 부인을 위해 하일브론에서 큰 경기를 개최했는데 그것은 정확히 15년 9개월 전 일이다. 밤 11시경이었다. 목

성(木星)이 반짝이면서 동쪽 하늘에 나타났다. 나는 무도에 지쳐서 성문 밖으로 나갔고, 사람들이 모여 있는 한쪽 옆의 정원에 들어가 아무도 모르게 휴식을 취하고 있었다. 어느 목성과 같은 별이 우아하면서도 힘차게 빛나고 있을 때, 그 아이가 수태된 것이 틀림없다. 분명 게르트루드라는 이름이었다. 사람들의 방문이 드문 정원 한쪽 구석에 램프도 차츰 꺼지려 할 때였다. 멀리서는 무도의 음악이 보리수의 향기 속에 살랑거리며 왔고, 그 속에서 나는 그녀와 이야기했다. 그리고 케트헨 어머니의 이름도 게르트루드이다! 그녀가 슬피 울고 있을 때, 나는 교황 레오의 초상화가 붙은 기념패를 가슴에서 벗어, 내 기념물을 그녀의 조끼 속에 넣어 버렸다. 그녀는 내가 누구인지 몰랐다. 그런데 내가 아까 들었던 바에 의하면 저 하일브론의 케트헨도 그와 같은 기념패를 가지고 있다는 것이다! 아, 세상이 탈구(脫臼)하는구나! 만약 천사들의 절친한 친구인 슈트랄 백작이, 관계하고 있는 저 정부(情婦)와 헤어질수 있다면, 나는 반드시 천사의 예언을 실현시키겠다. 반드시어떤 구실을 내세워 저 딸을 나에게 돌려달라고 테오발트를설득해서 백작과 짝을 지어 주겠다. 그렇게 하지 않으면 케루빔 천사가 또 다시 지상에 나타나, 내가 여기 벽들한테만 밝힌 이 비밀을 남김없이 모든 사람들에게 알릴 것이 틀림없다.

(퇴장)

제3장

성백 프라이부르크와 게오르크 폰 발트슈테텐 등장.

그들에 이어 기사 프람베르크.

프람베르크: (크게 놀라며) 프라이부르크 성백님, — 당신입니까? 아니면 당신의 유령입니까? 자, 그렇게 서두르지 마세요! 간청합니다.

프라이부르크: (몸을 돌리며) 무슨 용무인가?

게오르크: 누구를 찾고 있느냐?

프람베르크: 불쌍한 제 주인, 슈트랄 백작님을 찾고 있습니다! 백작님의 신붓감 쿠니군데 양은 — 아, 우리가 당신의 손에서 그녀를 빼앗아 오지 않았더라면 좋았을 겁니다! — 그녀는 케트헨에게 독을 먹이려고, 요리사를 매수하려했습니다.

— 독을 말입니다. 훌륭하신 어르신들!

그건 케트헨이 목욕하는 그녀의 모습을 보았다는 혐오스럽고, 이해할 수 없는 이유 때문이랍니다!

프라이부르크: 넌 그 수수께끼를 모르느냐?

프람베르크: 그렇습니다!

프라이부르크: 내가 그것을 풀어주지. 그녀는 자연의 세 가지 영역을 결합해서 만들 수 있는 모자이크 같은 결합이다. 그녀의

이(齒)는 뮌헨 출신의 어느 처녀의 이이고, 머리카락은 프랑스에 주문하여 온 것이고, 그녀 뺨의 건강한 듯한 색은 헝가리 광산의 산물이고, 당신들을 놀라게 한 멋진 몸매는 스웨덴산의 철로 대장간에서 제조한 코르셋 덕분이다. — 이제 알겠나?

프람베르크: 저런!

프라이부르크: 주인에게 안부나 전하게! (퇴장)

게오르크: 내 안부도. — 백작은 벌써 슈트랄 성으로 돌아갔다. 이렇게 전해주게, 백작이 만능열쇠를 갖고 그녀 매력의 도구들이 아직 걸상 위에 놓여 있을 아침 시간에 들이닥치면, 그곳에서 돌기둥으로 재빨리 변하여, 자신의 무용담을 영원히 기념하기 위해 숯을 굽는 사람의 오두막 옆에 진열 될 수 있을 것이라고. (퇴장)

제4장

장면: 베터 슈트랄 성. 쿠니군데 방.

로잘리에, 쿠니군데 화장대 옆에서 화장을 하고 있다. 쿠니군데는 침대에서 일어난 그대로 화장을 하지 않은 모습으로 나타난다. 얼마 지나지 않아서 슈트랄 백작 등장.

쿠니군데: (화장대 옆에 앉아서)

문은 잘 닫았니?

로잘리에: 예, 닫혔습니다.

쿠니군데: 닫혔다 했지? 빗장을 단단히 걸었는지 그게 알고 싶다!
내가 옷을 입을 때는 언제든지 자물쇠를 채우고 그 위에 빗장
을 걸어라!

(로잘리에, 빗장을 걸려고 간다. 마침 그때 백작이 그녀 앞에 나타난다.)

로잘리에: (깜짝 놀라며)
아이고머니! 백작님, 어떻게 이곳에 들어오셨습니까?
아가씨!

쿠니군데: (둘러보며) 누구니?

로잘리에: 자, 보십시오!

쿠니군데: 로잘리에!

(재빨리 일어나 급히 나간다.)

제5장

슈트랄 백작, 로잘리에

슈트랄 백작: (벼락을 맞은 듯이 서 있다.)
여기 있었던 그 낯선 여인은 누구였지?

로잘리에: ― 어디서 말입니까?

슈트랄 백작: 마치 피사의 탑처럼 몸을 기울이고 이곳을 지나간

여인은 ―

　혹시 그 여자 아니냐?

로잘리에: 누구 말입니까?

슈트랄 백작: 쿠니군데 양이지?

로잘리에: 절대 아닙니다. 백작님, 농담하시는군요! 지빌리에였

　습니다. 저의 의붓어머니 ―

쿠니군데: (안에서) 로잘리에!

로잘리에: 아가씨가 침대에서 저를 부릅니다. ―

　잠시 실례합니다! ―

　(의자를 갖고 온다.)

　앉으시지 않겠습니까?

　(화장 도구를 갖고 들어간다.)

제6장

슈트랄 백작: (무기력하게)

　전지전능하신 신이여! 나의 영혼은 이미 영혼이라고 불릴 가

　치가 없습니다!

　이 세상의 시장에서 지금까지 만물을 재었던 내 영혼의 척도

　는 거짓이었습니다.

아, 나는 부드러운 미(美) 대신 싫어해야 할 사악(邪惡)을 샀구나.
불쌍한 나. 내 자신의 가책의 소리에서 벗어나려면 어디로 도
망치는 것이 좋을까.

뇌우가 지금 슈바벤에 사납게 내린다면, 말에 올라타서 미친
듯이 이리저리 뛰어다니다 번개가 날카로운 쐐기로 내 머리
를 칠 장소를 찾아가고 싶다.

대체 어떻게 하면 좋을까. 이 마음을 어떻게 하면 좋을까?

제7장

쿠니군데는 평소처럼 번쩍이는 모습이고 로잘리에도 노파 지빌리에를 따라
나타난다. 지빌리에는 목발을 짚으며 휘청거리며 중앙 문을 통해 나간다.

쿠니군데: 아, 프리드리히 씨, 무슨 일로 이렇게 일찍 내 방에 오
셨습니까?

슈트랄 백작: (눈을 지빌리에에게 고정하고)

뭐냐? 마녀가 둘인가?

쿠니군데: (주변을 둘러보며) 누구요?

슈트랄 백작: (정신을 차리고) 용서하세요! ─

당신의 안부를 물으러 왔소.

쿠니군데: 그런데? ─ 결혼식 준비는 다 되었어요?

슈트랄 백작: (가까이 다가가 그녀를 이리저리 살펴보며)

　중요한 것을 제외하고는 거의 전부 ―.

쿠니군데: (뒤로 물러나며)

　언제로 정했나요?

슈트랄 백작: 날은 정해졌소. ― 내일이요.

쿠니군데: (사이를 두고)

　동경하며 오랫동안 기다렸던 날입니다. ― 그렇지만 당신은
어쩐지 기쁘지 않은 모양입니다. 기분이 좋지 않습니까?

슈트랄 백작: (절을 하며)

　용서하세요, 나는 사람들 중에서 가장 행복한 사람이오!

로잘리에: (슬프게)

　당신이 어제 당신의 성에 재웠던 그 아가씨가 케트헨 맞습니까?

슈트랄 백작: 이 악마같은 것아!

쿠니군데: (허둥지둥하며)

　어디 아프세요? 말해 보세요!

로잘리에: (혼자서) 제기랄!

슈트랄 백작: (정신을 차리고) ― 운명이야!

　그녀는 이미 묘지에 묻혔어.

쿠니군데: 무슨 말을 하시는 것입니까?

로잘리에: 그렇지만 아직 묻히지는 않았지요?

쿠니군데: 나는 수의를 입고 있는 그녀를 꼭 봐야겠어요.

제8장

한 하인 등장, 앞에 나온 사람들.

하인: 백작님, 곳샬크가 보내서 왔습니다. 백작님을 면담하고 싶다면서 대기실에 있습니다.

쿠니군데: 곳샬크가?

로잘리에: 어디에 있습니까?

슈트랄 백작: 그는 죽은 아가씨의 관에 붙어 있어!
    제발 방해받지 말고 너의 화장을 계속 하여라!

(퇴장)

제9장

쿠니군데와 로잘리에.

(사이)

쿠니군데: (감정이 폭발하여)
    그가 이미 알아 버렸다. 모든 것이 허사다. 이제 어쩔 수 없다.
    그는 보았다. 나는 이제 끝장이 났어!

로잘리에: 그는 아직 모릅니다!

쿠니군데: 그는 알아!

로잘리에: 그는 모릅니다. 당신은 울지만, 나는 기뻐서 뛸 지경입니다.

그는 이곳에 있었던 여인이 내 어머니인 지빌리에라고 착각합니다.

어머니가 우연히 당신의 방에 있었던 게 무엇보다도 다행입니다.

당신의 목욕을 위해 산의 깨끗한 눈을 모아다, 마침 목욕통에 붓고 있던 참이었어요.

쿠니군데: 너는 그가 나를 뚫어지게 쳐다보고 재어보는 것을 보았지?

로잘리에: 아무래도 좋습니다! 그 사람은 자신의 눈을 믿지 않습니다. 나는 소나무 위에 있는 다람쥐처럼 기쁩니다! 그에게 희미한 의심이 싹트긴 했지만, 당신이 훌륭하고 멋진 모습을 보여주어, 확실히 그 의심을 없애 버렸습니다. 당신이 여인 중의 여인이라는 사실을 조금이라도 의심하는 사람에게 그는 반드시 결투를 신청할 것입니다. 그렇지 않으면 제가 죽겠습니다!

아, 낙담하지 마세요. 자, 준비하세요.

내일 아침에 당신은 — 틀림없이 — 백작 부인, 쿠니군데 베터 슈트랄로 깨어날 것입니다!

쿠니군데: 아, 차라리 대지가 갈라져 나를 삼켜 버렸으면 좋겠다!

(퇴장)

제10장

장면: 동굴의 내부, 바깥 경치가 바라보인다.

케트헨은 변장을 하고 쓸쓸히 돌 위에 앉아 머리를 벽에 기대고 있다. 궁중 고문관들은 정장을 하고 오토 백작, 벤첼 폰 나흐트하임, 한스 폰 베렌클라우 등 이어서 곳샬크 등장, 그리고 황제의 종자들, 황제와 테오발트는 최후에 등장, 이들은 망토에 싸여 무대 안쪽에 머문다.

오토 백작: (양피지 두루마리를 손에 들고)

하일브론의 처녀여! 무슨 이유로 너는 바위에 서식하는 새매처럼, 이런 동굴에 몸을 숨기고 있느냐?

케트헨: (일어서며)

아, 신이여, 이 사람들은 누구십니까?

곳샬크: 이 처녀를 놀라게 하지 마세요! — 이 처녀를 죽이려는 한 여자의 음모 때문에 이 산 속에 피난하지 않으면 안 되었습니다.

오토 백작: 네가 섬기는 주인, 제국 백작은 어디에 있느냐?

케트헨: 저는 모릅니다.

곳샬크: 주인님은 곧 나타나실 것입니다.

오토 백작: (그녀에게 양피지를 준다.)

이 두루마리를 받아라. 황제 폐하의 친서이다.

자, 빨리 훑어보고, 나를 따라가자.

이곳은 너 같은 고귀한 신분의 처녀가 있을 만한 장소가 아니다.

보름스 궁전이 너를 기다리고 있다!

황제: (무대 안쪽에서)

아, 사랑스러운 모습이다.

테오발트: 오, 진실로 천사다!

제11장

슈트랄 백작 등장, 앞에 나온 사람들.

슈트랄 백작: (깜짝 놀라며)

보름스의 궁정 고문관들이 모두 정장을 하고 있네!

오토 백작: 백작님, 안녕하십니까?

슈트랄 백작: 무슨 용무로 이곳에 ─?

오토 백작: 이 처녀에게 줄 황제의 친서를 가지고 왔습니다. 그 내용은 처녀에게 직접 물어 보십시오. 그녀가 당신에게 알려 줄 것입니다.

슈트랄 백작: 내 심장이여! 무슨 이유로 이렇게 뛰는가?

(케트헨에게)

애야, 넌 무엇을 들고 있니?

케트헨: 저는 모릅니다. 고상하신 분이여.

곳샬크: 자, 백작님에게 드려라! 아가야.

슈트랄 백작: (읽는다.)

"그대에게 알린다. 신은 저 천사의 말을 성취시키라고 내 마음을 정해 주셨다. 소녀 케트헨은 이후, 무기 대장장이 테오발트의 딸이라고 해서는 안 된다. 그는 케트헨을 나에게 넘겨주었으며, 지금부터 케트헨은 나의 사랑하는 딸이다. 그러므로 슈바벤의 카타리나라고 불러야 한다."

(다른 종이를 훑어 넘긴다.)

그리고 여기에 "알린다" ─ 그리고 여기에는 "슈바바흐 성에서 쓴다"

(잠시 사이를 두고)

이제 나는 은혜 깊은 성모 마리아 상(像) 앞에 몸을 엎드려, 성모의 발을 붙잡고 뜨거운 감사의 눈물로 씻어 주련다.

케트헨: (앉는다.)

곳샬크, 옆에 와서 도와주세요. 몸이 안 좋습니다!

슈트랄 백작: (고문관들에게)

황제 폐하는 어디에 계신가? 테오발트는?

황제: (두 사람 모두 망토를 벗으면서)

우리는 여기에 있네!

케트헨: (일어서며) 오 전능하신 하느님! 아버지!

(테오발트에게 달려간다. 테오발트는 그녀를 안는다.)

곳샬크: (혼자서)

　황제이시다! 틀림없다! 황제께서 저기에 서 계신다!

슈트랄 백작: 자, 말씀해 보세요. ― 뭐라고 부르는 것이 좋을까요?

　신처럼 전능하신 은혜 깊은 분!

　― 말씀해 보세요. 제가 친서를 바르게 읽었습니까?

황제: 한 단어도 틀린 데 없이 바로 읽었다!

　황제도 케루빔 천사를 친구로 삼는 처녀의 아버지가 되는 것을 자랑스러워한다!

　앞으로는 케트헨이 지상 제일의 처녀다.

　신(神) 앞에서도 이미 오래 전에 그런 처녀였었다.

　그녀에게 구혼하는 자는, 먼저 내게 와서 그것에 어울리는 청혼을 하지 않으면 안 된다.

슈트랄 백작: (황제 앞에 한쪽 무릎을 꿇고)

　그럼 여기서 이렇게 무릎을 꿇고 간청합니다. 그녀를 제게 주십시오!

황제: 백작, 무슨 생각을 하는가?

슈트랄 백작: 그녀를 제게 주십시오! 제게 주십시오!

　폐하의 이 행위도 그런 생각에서 나온 것이 아닙니까?

황제: 그래! 그렇게 생각하는가? ― 세상에는 공짜가 없다.

　그대에게 조건을 내세우겠다.

슈트랄 백작: 말씀해 주십시오, 들려주세요!

황제: (진지하게) 그대의 성으로 그녀의 아버지를 맞이하시오!

슈트랄 백작: 농담하십니까?

황제: 뭐! 거절하는가?

슈트랄 백작: 쌍수를 들어,

　진심으로 쌍수를 들고 그를 맞이하겠습니다!

황제: (테오발트에게)

　자, 노인 들었지요?

테오발트: (황제에게 케트헨을 데리고 간다.)

　그럼 그에게 딸을 주십시오!

　하느님의 섭리로 정해진 것을 사람이 어찌 가를 수 있겠습니까!

슈트랄 백작: (일어서서 케트헨의 손을 잡고)

　당신이 나를 지극히 행복한 사람으로 만들었소. ―

　두 아버님, 그녀의 달콤한 입술에 단 한번 키스를 하도록 허

　락해 주세요.

　첫날밤을 지낸 후 저에게 열 개의 생명이 주어진다고 하더라도

　그것을 환호하면서 두 아버님께 다 바치겠습니다!

황제: 자, 가자! 남편 될 사람이 그녀에게 이 수수께끼를 해명하

　게 하자!

　(퇴장)

제12장

슈트랄 백작과 케트헨.

슈트랄 백작: (그녀의 손을 잡고 앉는다.)

케트헨, 자 앉아라. 이쪽에, 나는 내 입으로 너에게 고백할 게 있다.

케트헨: 높으신 어르신, 말씀해 주십시오. 대체 이게 어떻게 된 것입니까?

슈트랄 백작: 케트헨, 첫째는, 언제까지나 말할 수 없을 정도로, 내 몸과 마음을 다 바쳐 너를 사랑한다는 것이다. 한낮의 더위에 괴로워하며, 뿔로 땅을 파서 물을 찾던 사슴이, 산림의 여울을 발견하고 바위에서 너무나 간절히 뛰어내리는 기분, 그런 기분으로 나는 네가 내 사람이 된 지금, 너의 젊디젊은 매력 속에 몸을 파묻고 싶다.

케트헨: (얼굴이 붉어지며)

아, 무슨 말씀을 하십니까? 당신 말씀을 이해할 수 없습니다.

슈트랄 백작: 내 말이 자주 너를 괴롭히고 부끄럽게도 했다면 용서해다오. 내가 거칠게 행동하여 종종 너를 슬프게 했다면. 한때 내가 너를 떼어버리려고 무정하게 대한 것을 회상하면 ― 그러나 지금 여기서 네가 그렇게 다정한 마음을 갖고 나를 대

하니, 케트헨, 그것을 생각하는 내 마음은 슬픔으로 꽉 차서, 눈물을 멈출 수가 없다.

(그는 운다.)

케트헨: (걱정이 되어)

아이고, 어떻게 된 영문입니까? 왜 우십니까?

당신이 제게 무슨 나쁜 짓을 하셨습니까? 저는 그런 기억이 하나도 나지 않습니다.

슈트랄 백작: 아, 아가씨. 내일이면 너의 발을, 지금까지 나를 좇아 피투성이가 된 그 발을, 황금 비단으로 감싸 줄 것이다. 한낮에 탔던 그 얼굴에 천개를 씌워 줄 것이다. 피리소리가 나를 전장으로 부르면, 사랑하는 너를 태워 가기 위해, 아라비아에서 황금의 장식이 달린 제일 아름다운 말을 보내게 할 것이다. 저 사랑스런 소리로 울어대는 검은방울새가 라일락 숲에서 집을 짓고 있는 그곳에 너의 여름 별장을 지어줄 것이고, 성에 돌아가면, 그 밝고 넓은 방에서, 나의 케트헨을 맞이할 것이다.

케트헨: 오 프리드리히, 사모하는 당신! 이 말씀을 저는 어떻게 생각해야 좋을까요?

당신은 ―, 결국 저를 ―

(그의 손에 키스하려 한다.)

슈트랄 백작: (손을 빼면서)

그게 아니다. 그게 아니다. 나의 사랑스런 아가씨.

(그녀의 이마에 키스한다.)

케트헨: 그게 아니라니요?

슈트랄 백작: 아니다. 용서해. 내일(來日)이라고 생각해 — 내가 무슨 말을 하려고 했지? — 아, 그렇다. 나는 너에게 부탁할 일이 있다.

(눈물을 닦는다.)

케트헨: (작은 소리로)

부탁이 무엇입니까? 말씀하세요.

(사이)

슈트랄 백작: 그렇지. 바로 그거야. — 네가 알고 있듯이 나는 내일 결혼한다.

식의 준비는 완전히 다되어 있다.

내일 정오에 신부와 함께 제단을 향해 화촉의 행렬이 출발한다. 나는 거기서 네가, 바로 네가 여신이 되어 모든 사람 앞에 나타나는 잔치를 생각하고 있다.

그리고 너, 내일은 너의 주인을 위해 지금 입고 있는 그 옷을 벗고, 어머니께서 너를 위해 준비해 주신 아름다운 의상을 입고 오지 않겠나?

— 그렇게 하겠지?

케트헨: (앞치마를 얼굴에 갖다 대고)

네, 당신 말씀대로 하지요.

슈트랄 백작: 참으로 아름다운 의상이오. 수수하면서도 훌륭한, 너의 모습과 마음에 꼭 맞는 의상이다. 진주랑 에메랄드의 장식을 갖다 줄 것이다. 그것을 입으면 너의 아름다움이 성에 있는 모든 부인들을 능가할 것이다. 저 쿠니군데조차도 ─ 왜 우는 거야?

케트헨: 모르겠습니다. 존경하는 어르신, 눈에 뭐가 들어갔습니다.

슈트랄 백작: 눈에, 뭐가?

(키스하여 그녀의 눈물을 멈추게 한다.)

자아, 저쪽으로. 모든 것이 곧 밝혀질 것이다.

(그녀를 데리고 퇴장.)

제13장

장면: 성 광장. 오른쪽 전경에는 큰 현관. 왼쪽에는 저 멀리 성과 경사로가 있다. 배경에는 교회. 행진곡, 행렬, 한 전령이 선두에 섰다. 이어서 친위병. 무어인 네 명이 든 천개, 광장 중앙에는 황제. 슈트랄 백작, 테오발트, 오토 백작, 라인백(伯) 폰 슈타인. 폰 프라이부르크 성백 그 밖에 황제의 종자들이 천개를 맞이한다. 오른쪽 대현관 밑에는 쿠니군데 폰 투르네크, 신부의 성장을 하고 백모들이랑 친척들도 함께 행렬에 합류하려고 기다리고 있다. 배경에는 군중, 그 속에 프람베르크, 곳샬크, 로잘리에 등등.

슈트랄 백작 : 천개는 여기서 멈춰라! ― 의전관은 임무를 행하라.

의전관: (읽는다.)

"만인에게 고한다. 여기서 제국백작 프리드리히 베터 폰 슈트랄과 우리의 대군, 황제 폐하의 영애(令愛) 슈바벤의 공주 카타리나 양과의 혼인의식을 거행한다. 하늘이여, 이 고귀한 신랑, 신부를 축복해 주소서. 그리고 친애하는 이 두 사람의 머리 위에 천상의 끝없는 행복을 남김없이 내려주소서!"

쿠니군데: (로잘리에에게) 이 남자가 미쳤나, 로잘리에?

로잘리에: 미쳤음에 틀림없어요! 만약 저놈이 미친 것이 아니라면, 우리를 미치게 하려고 모의하는 것입니다.

성백 폰 프라이부르크: 신부는 어디에 있는가?

투르네크의 기사들: 이곳입니다. 여러분!

프라이부르크: 어디에?

투르네크의 사람들: 아가씨는 이곳에 있습니다. 우리의 조카딸은 이 대현관 밑에서 기다리고 있습니다.

프라이부르크: 우리는 슈트랄 백작의 신부를 찾고 있어요. ― 여러분이 나갈 차례다! 나를 따라가서 신부를 모셔오자.

(성백 폰 프라이부르크, 게오르크 폰 발트슈테텐, 그리고 라인 백 폰 슈타인이 경사로를 올라 성에 들어간다.)

투르네크의 사람들: 이게 무슨 지랄용천이냐! 이 어마어마한 준비는 대체 왜 하나?

제14장

황제의 딸다운 신부 드레스를 입은 케트헨은 백작 부인 헬레나와 엘레오노레에게 인도되어 나온다. 세 시동이 그녀의 긴 옷자락을 들고 간다. 뒤에는 성백 폰 프라이부르크 등등. 경사로를 내려온다.

오토 백작: 아, 아가씨, 만세 !

기사 프람베르크와 곳샬크: 만세, 하일브론의 케트헨. 황제의 따님, 슈바벤의 공주. 만세!

군중: 만세! 만세! 만세!

헤른슈타트 및 폰 데어 바르트: (광장에 남아서)

  이쪽이 신부인가?

프라이부르크: 이쪽이 신부이다.

케트헨: 내가? 신부? 여러분! 누구의 신부죠 ?

황제: 케루빔 천사가 너를 위해 선택한 사람, 이 반지를 그와 교환하지 않겠니?

테오발트: 어서 백작에게 승낙의 손을 내밀어라.

슈트랄 백작: (그녀를 안으며) 케트헨! 내 신부! 나를 남편으로 받아 주겠소?

케트헨: 신이여, 성자들이여, 저를 보호해 주소서!

  (케트헨 넘어진다. 백작 부인 그녀를 잡는다.)

황제: 좋다. 그녀를 맞이하여라, 폰 슈트랄 백작,

그리고 그녀를 교회 제단으로 데리고 가거라!

(종소리)

쿠니군데: 에이 빌어먹을 것들! 이 모욕은 반드시 복수하겠다!

(사람들과 함께 퇴장.)

슈트랄 백작: 이 독살을 기도한 여인!

(행진곡, 천개 밑에 있는 케트헨과 슈트랄 백작 옆으로 황제가 들어
간다. 기사들과 귀족의 부인들이 그 뒤를 따라간다. 친위병들이 맨 뒤
에서 호위하며 따라간다. — 일동 퇴장.)

〈끝〉

《하일브론의 케트헨》의 내용 개관 및 드라마 구조

배중환

I. 1. – 2. : 지하 동굴, 비밀 재판소의 휘장이 걸려 있고, 램프 불이 희미하게 비치고 있다.

하일브론의 부유한 대장장이 테오발트 프리데보른은 슈트랄 가의 프리드리히 베터 폰 슈트랄 백작이 마술을 써서 자기 딸 케트헨을 차지했다고 고소한다. 케트헨은 아버지, 약혼자, 그리고 고향까지도 버리고 백작을 '그림자처럼' 따라갔다. 백작은 케트헨의 이 행위를, 성가신 것이지만 동시에 기분 좋은 것으로 느끼고, 그녀를 그녀의 아버지에게로 데려가려고 시도하긴 했으나, 반드시 그렇게 해야 할 책임은 없다. 케트헨은 자신의 행동 방식에 대해서 심문받기 위해 스스로 법정에 나타난다. 백작은 거의 폭력적으로 케트헨을 심문한 결과, 모든 유죄행위의 혐의에서 벗어나게 된다. 법원은 그에게 무죄를 선언하고, 케트헨을 그녀의 아버지에게 넘겨준다.

II. 1. – 3. 비밀 재판소의 동굴 앞 숲.

백작은 케트헨과 극복할 수 없는 신분의 차이를 비탄하던 중, 쿠니군데 폰 투르네크가 자신에게 도전했다는 소식을 듣는다.

II. 4. – 8. 산속의 숯장이 오두막. 밤, 천둥 번개.

폰 프라이부르크 성백(城伯)은 자신의 옛 애인 쿠니군데를 꽁꽁 묶어 숯장이 오두막에 묵게 한다. 베터 폰 슈트랄은 쿠니군데에게 응전하기 위해 가다가 같은 오두막 앞에서 행군을 중단하고, 숯 굽는 소년의 도움으로 프라이부르크 성백의 제물(납치된 여인 쿠니군데)을 구조하지만 이 구조된 자가 누구인지는 모른다. 그는 자기가 구해준 여인이 자신의 적(敵)인 쿠니군데라는 것을 알게 되지만, 기사의 의무감 때문에 그녀를 계속 보호해 주지 않을 수 없었다.

II. 9. – 13. 베터 슈트랄 성. 성안의 방.

하녀 브리기테는 섣달그믐날 밤 백작이 꾼 꿈 이야기를 쿠니군데에게 들려준다. 그 꿈에 천사가 나타나 백작을 그의 신붓감, 즉 황제의 따님에게로 인도해 갔다고 보고했다. 비록 쿠니군데가 통치하는 황제의 딸은 아니더라도, 백작은 그녀한테서 그 꿈을 이룰 수 있다고 생각한다. 그리하여 백작은 쿠니군데와 결혼하기로 결심한다.

III. 1. 산속, 숲, 암자.

케트헨의 아버지와 그녀의 약혼자는 수녀원에 들어가려는 케트헨의 결심을 단념시킨다.

III. 2. – 4. 어느 숙소.

쿠니군데의 약혼자인 폰 슈타인 라인 백(伯)은 그녀의 변절에 대한 복수를 하려고 투르네크 성을 습격할 계획을 한다.

Ⅲ. 5. – 6. 투르네크 성의 방.

케트헨은 우연히 한 통의 편지를 손에 넣으며, 그것을 보고, 라인 백의 계획을 알아챈다. 그녀는 베터 폰 슈트랄 백작에게 라인 백의 침공을 경고한다.

Ⅲ. 7. – 16. 성 앞 광장.

밤. 성이 불탄다. 비상 종소리. 케트헨은 쿠니군데를 위해 백작의 초상화를 상자와 함께 구하기 위해 불타고 있는 성안으로 들어간다.(불 〈火〉의 시련) 케트헨은 무너진 건물에서 천사의 보호하에('케루빔 천사' 장면) 무사히 빠져나온다. 쿠니군데는 상자를 꺼내오지 않고 초상화만 가지고 나왔다고 케트헨을 때린다.

Ⅳ. 1. 산중의 어느 곳,

······ 케트헨은 무너진 건물 잔해 속에서 그 (초상화를 넣은) 상자를 발견했는데, 그 안에는 쿠니군데에게 재산을 증여한다는 내용의 증여 증서가 있었다. 그녀는 슈트랄 백작의 뒤를 급히 쫓아간다.

Ⅳ. 2. – 3. 베터 슈트랄 성.

······ 케트헨은 성 앞의 라일락 숲 아래에서 자고 있다.(라일락 숲 장면) 베터 백작은 잠자고 있는 사람에게 물어, 그 여자가 케트헨임을 안다. 섣달그믐날 밤 꿈에 그는 그녀의 방으로 갔으며, 따라서 그녀가 황제의 딸이라는 것도 안다.

IV. 4. - 8. 정원, 배경은 동굴.

······ 케트헨은 목욕하는 쿠니군데의 추한 모습을 목격한다. 쿠니군데
는 케트헨을 독살시키려 한다.

V. 1. 보름스. 탁 트인 광장.

······ 테오발트는 베터 폰 슈트랄 백작과 행한 하느님의 심판인 결투로
자신이 케트헨의 아버지임을 증명하려 하나, 백작에게 지고 만다.

V. 2. - 3 보름스.

황제는 케트헨이 자기 딸임을 인정한다.

V. 4. - 9. 베터 슈트랄 성.

베터 백작은 인위적으로 감춘 쿠니군데의 기형(畸形)을 알아채고도
겉으로는 모른 체한다.

V. 10. - 12. 동굴 내부.

황제는 독살 음모를 피한 케트헨을 귀족으로 등극시키고, 백작에게 아
내로 준다.

V. 13. - 14. 성 광장.

······ 백작은 쿠니군데 대신 케트헨을 결혼식의 제단으로 데리고 간다.

하일브론의 케트헨 줄거리 요약

케트헨은 하일브론의 무기 대장장이의 딸이다. 어느 날 아버지의 대장간에 들어섰을 때 프리드리히 베터 폰 슈트랄 백작을 보고 케트헨은 그의 발 앞에 마치 벼락 맞은 듯이 넘어진다. 그 백작이 대장간을 떠날 때, 케트헨은 창문에서 뛰어내린다. 이때 입은 부상으로 그녀는 몇 주일 동안 집에서 머문다. 이 부상을 회복하자마자 그녀는 마력에 이끌려 그 백작을 찾아가고 몽유상태로 그의 발자국을 확실하게 따라간다. 백작이 그녀에게 무엇을 원하느냐고 물었을 때, 그녀는 얼굴이 빨갛게 되어 대답한다. '높으신 어르신, 당신은 제가 원하는 것을 아실텐데요……' 그러나 백작은 그녀의 매력에 결코 눈을 감지는 않지만, 그녀와 아무런 관계를 가지려고 하지 않는다. 왜냐하면 열병을 앓고 있을 때에 나타난 점쟁이가 그에게 장차 황제의 딸과 결혼할 것이라고 예언했기 때문이다. 백작은 처음에 부드럽게, 다음에는 좀 부드럽지 않게 그녀를 쫓아버리려 하고, 마침내 다소 과격한 방법으로 그녀를 쫓아내는 데 성공한다.

이제 백작은 아름답고 사악한 황제의 혈통인 쿠니군데 투르네크와 분쟁에 말려든다. 쿠니군데는 백작의 재산인 슈타우펜 영지를 빼앗기 위해서 온갖 그럴듯한 주장을 하고 자신을 좋아하는 호전적인 기사들을 차례로 백작과 싸움을 하라고 선동한다. 운이 이상하게 바뀌어, 그녀는 슈트랄 백작의 수중에 들어가고, 그는 그녀를 자신의 성으로 데려간다. 그 성에서 쿠니군데는 백작이 품고 있는 자신에 대한 미움을 사랑의 마음으로 바꾼다. 그리고 백작은 쿠니군데를 자신의 신붓감으로 보고, 자의에서 슈타우펜 영지를 약혼의 선물로 그녀에게 준다는 증여 증서를 쓴다. 그 후 백작은 그녀를 고향인 투르네크 성으로 바래다주러 갔는데, 그들이 성에 도착하자마자 그녀에게 배신당한 옛 약혼자가 앙심을 품고 책략으로 그 성을 탈취하려고 결심한다.

　운이 다시 기적적으로 바뀌어, 케트헨은 때마침 수녀원으로 들어가려 하다가, 슈트랄 백작이 위험에 처하게 되는 정보를 얻게 된다. 케트헨은 급히 투르네크 성으로 가서 문을 열고 안으로 밀고 들어가 설명할 기회를 달라고 요구한다. 백작은 그녀를 채찍을 휘두르며 쫓아내려 하다가 결국에는 그녀가 자신을 찾아온 이유를 알게 된다. 트르네크 성이 습격을 받았다. 공격한 자들은 퇴각하지만, 성에는 불이 붙는다. 받았던 영지 증여 증서를 초상화 뒤에 숨긴 쿠니군데는 슈트랄 백작이 있는 자리에서 그것을 넣어둔 상자를 꺼내오라고 케트헨을 불붙은 성안으로 보낸다. 케트헨은 이 일을 성공적으로 해내고, 그녀가 초상화를 가지고 밖으로 나온 뒤에 성은 와르르 무너져 내린다. 그녀는 케루빔 천사(관객에게만 모습이 보인다)의 보호를 받으며 성문 앞에 나와 서 있다. 케루빔 천사는 슈트랄 백작과 케트헨을 맺어주는 초자연적인 연결고리, 다른 말로 하면 중매쟁이다. 백작이 열병을 앓은 때 화려한 모습으로 천사가 나타나는 환영을 보았는데, 이 천사가 같은 시간에 케트헨의 꿈에도 나타나 그녀에게 굴욕적으로 (순종하며 백작을) 추적하라는 과제를 준 것이다. 백작의 성벽 옆 라일락 숲 아래서 선잠을 자는 몽유상태에서 케트헨은 그 꿈을 이야기한다. 그녀는 불(火)의 시련을 상처하나 입지 않고 무사히 통과했다. 그러나 이 것이 그녀가 당하는 고통의 끝이 아니다. 그녀에겐 쿠니군데의 정체를 폭로하는 일이 남아 있다. 쿠니군데는 사실은 무시무시한 늙은 마녀로 그녀의 아름다움은 화장품, 덧댄 패딩, 가발, 그리고 의치로 이루어진 것이다. 간단히 말해, 하나의 실체가 없는 허상으로 케루빔 천사에 못지않은 초자연적인 존재로 보인다.

그 사이에 무기 대장장이 프리데보른은 슈트랄 백작이 마술을 써서 자기 딸을 유괴했다고 백작을 상대로 처음엔 비밀재판소에, 그다음엔 황제 앞에다 소송을 제기했다. (드라마의 구성상 제1막에서 비밀재판소의 판결로 백작은 무죄를 선고받았다. 제5막에서 백작은 무기 대장장이를 상대한 재판인 결투에서 쉽게 그를 이겼다. 이로써 케트헨은 무기 대장장이의 딸이 아니라 황제의 딸이라고 하는 백작의 주장이 옳다고 증명된 것이다.) 황제는 이 사건의 몇 가지를 들여다보면서 케트헨이 사실은 자신의 사생아임을 안다. 황제는 케트헨을 슈바벤의 공주로 만들고, 쿠니군데에 의해 독살될 위험이 있었던 케트헨은 쿠니군데 대신 슈트랄 백작과 결혼식을 올린다.